ASSASSINOS EM SÉRIE

As Biografias dos Assassinos Mais Notórios

As Biografias dos Assassinos mais Notórios (Dentro das Mentes e Métodos dos Psicopatas, Sociopatas e Torturadores)

Isenção de responsabilidade

Introdução

Um assassino em série é uma pessoa que comete uma série de assassinatos em um curto período de tempo. É um assassino que mata duas ou mais pessoas em crimes separados, caso contrário não relacionados, de acordo com uma definição aceita em um simpósio do FBI de 2005. Um assassino em série é distinguido de um assassino em massa (cujos atos estão ligados) e um assassino em série desta forma (que, devido à falta de tempo entre os assassinatos, muitas vezes não se refere a crimes diferentes).

Os assassinatos de um assassino em série são geralmente executados de maneira semelhante.

Na década de 1930, o chefe da polícia de Berlim Ernst Gennat cunhou o termo "assassino em série", usando o termo "serienmörder" para caracterizar o assassino em série Peter Kürten.

Características dos assassinos em série

Os assassinos em série freqüentemente sofrem de disfunção sexual e têm uma baixa auto-estima. Os assassinos em série também são conhecidos por suas tendências sádicas. O assassinato real é freqüentemente o fim de um longo processo que eles repetem com cada assassinato. Alguns assassinos em série retornam ao local do crime ou ao local onde o corpo de sua vítima foi deixado.

Assassinos em série levaram os bens pessoais da vítima em várias ocasiões; retornar ao local do crime ou manter a vítima por perto, bem como apropriar-se de bens pessoais, são todas formas de obter "poder máximo" sobre a vítima, o que freqüentemente provou ser o objetivo maior dos assassinos em série.

O canibalismo, por exemplo, é a manifestação mais abrangente do exercício deste poder máximo. Os assassinos em série freqüentemente se tornam mais negligentes à medida que suas vítimas crescem em número, os assassinatos ocorrem com mais freqüência e o assassino em série faz menos tentativas de esconder os corpos. Os assassinos em série com o maior número de vítimas são freqüentemente indivíduos inteligentes.

Métodos de operação dos assassinos em série

Como outros criminosos, muitos assassinos em série têm sua própria "assinatura" ou "assinatura". A "caligrafia" ou assinatura do perpetrador é freqüentemente considerada como o MO (modus operandi). Estas são, no entanto, duas noções distintas. O MO do infrator é o que ele ou ela faz para cometer o crime, e isso pode mudar. A única opção do infrator para satisfazer sua luxúria é assinar. Como cada assassinato ensina um infrator a fazer melhor, o MO pode mudar. Além disso, a cena do crime pode necessitar de alguma criatividade.

Notórios assassinos em série

O colombiano Pedro Alonso López é considerado o assassino em série mais notório do mundo. Pensa-se que 350 mulheres e crianças tenham sido estupradas e assassinadas por ele. De acordo com o Livro dos Recordes do Guinness, o bandido indiano Buhram é o maior assassino em série de todos os tempos (ou Behram). Ele pertencia a uma gangue de criminosos que estrangulavam pessoas como forma de adoração à deusa da morte Kali. Segundo os relatos, ele matou 931 pessoas entre 1790 e 1830, todas estrangulando-as com seu pano de estrangulamento. Outra opção é a condessa húngara Erzsébet Báthory, que torturava e assassinava mulheres e moças em seu castelo com a ajuda de quatro cúmplices após a morte de seu marido. Novamente, as fontes são nebulosas: estimativas conservadoras colocam o número de homicídios em 36, mas há indícios de que o número pode estar entre 200 e 600.

Dentro desta coleção de contos e biografias, vamos explorar os perfis dos assassinos em série, o que os levou a cometer tais atrocidades horríveis e se foram ou não apreendidos e punidos. O que podemos aprender com a vida dos monstros e sua história de assassinato?

Se você gosta deste livro, por favor, deixe uma resenha, pois ele nos ajudará muito e nos permitirá continuar publicando a história do crime global.

Tabela de Conteúdos

1. Rodney Alcala

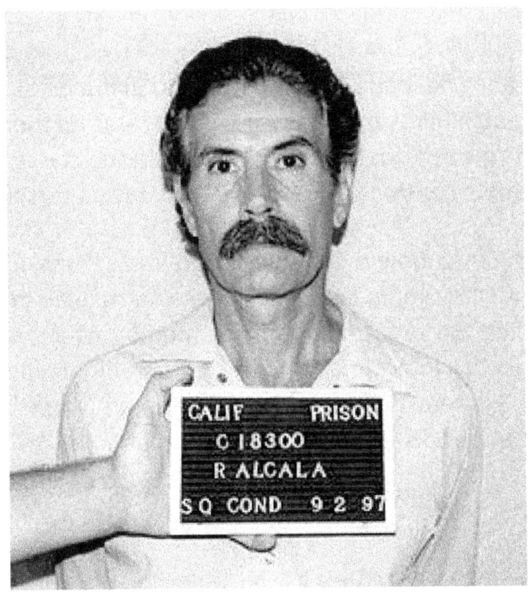

Anos de atividade: 1971-1979
País: Estados Unidos
Assassinatos cometidos: 8 confirmados, 12 estimados
Punição: Pena de morte por injeção letal

Rodney Alcala, um serial killer de Los Angeles, Califórnia, nasceu em 23 de agosto de 1943 em San Antonio, Texas, Estados Unidos. **Cornelia Michel Crilley** *(23 anos)*, **Ellen Jane Hover** *(23 anos)*, **Robin Samsoe** *(12 anos)*, **Jill Barcomb** *(18 anos)*, **Georgia Wixted** *(27 anos)*, Charlotte Lamb *(31 anos)*, **Jill Parenteau** *(21 anos)*, e **Christine Thornton** *(28 anos)* estavam entre as oito mulheres e uma menina que ele assassinou.

Sua juventude e sua vida adulta jovem

Rodney Alcala nasceu em San Antonio, Texas, em 1943, de Raoul Alcala Buquor e Anna Maria Gutierrez. Seu irmão e irmã mais velhos nasceram antes dele, e seu irmão e irmã mais novos nasceram depois dele. O pai trabalhava como professor de espanhol e era o ganha-pão da família. A família de Rodney se mudou para o México quando ele tinha oito anos de idade porque sua avó materna estava doente e queria passar seus últimos anos lá. Seu pai volta para os Estados Unidos depois que sua avó falece e abandona a família.

Rodney tem 11 anos de idade e seus pais estão divorciados quando sua mãe muda os quatro filhos para Los Angeles. Apesar de tudo, ele faz amigos na escola e é um dos melhores alunos de sua classe. Ele recebe instrução de piano e continua a tocar ao longo de sua carreira acadêmica.

Ele iniciou o ensino médio em 1956. Ele sente que já tem educação religiosa suficiente no último semestre. Ele se matricula em uma escola secundária pública. Ele se forma no ensino médio três anos depois, em 1960, e se matricula na Carolina do Norte para treinar como pára-quedista militar. Ele tem 17 anos de idade na época. Ingressou no Exército dos EUA como auxiliar de escritório após completar seu treinamento. Seu pai falece inesperadamente em 1º de agosto de 1962. Alcala tem um colapso nervoso e está comprometido com uma instalação psiquiátrica.

Ele se matricula na Escola de Belas Artes da UCLA, uma universidade americana, após sua liberação, e recebe o título de Bacharel em Belas Artes em 1968. Ele realiza seu primeiro crime violento em 1968. A vítima, que tem oito anos de idade, está viva e de boa saúde.

Alcala tem agora 25 anos e conseguiu evitar por enquanto as autoridades. Ele se matricula na New York University (NYU) sob a identidade "John Berger" e é admitido no programa de cinema. Roman Polanski, entre outros, foi um de seus professores.

Em julho de 1968, ele é contratado em um acampamento de verão em George Mills, New Hampshire, usando o nome "John Berger". Ele trabalha na esfera do teatro e da arte como conselheiro lá. Ele recebe seu diploma da NYU em junho de 1971. No mesmo mês, ele estupra e assassina Cornelia Michel Crilley, uma mulher de 23 anos. Este assassinato não é resolvido por mais 40 anos.

Assassinatos e outros atos de violência 1968-1979

Ele atrai Tali Shapiro, uma menina de 8 anos, para sua residência em Los Angeles em 25 de setembro de 1968. Um motorista testemunha isso e o persegue até seu apartamento, onde ele telefona para a polícia. Quando a polícia toca a campainha da porta, Alcala foge do apartamento. A garota foi estuprada e espancada com um cano de aço e foi descoberta viva. Ele se inscreve na NYU com o nome de John Berger e é aceito, permitindo que ele evite o mandado de prisão.

Cornelia Michel Crilley, uma aeromoça de 23 anos da Trans World Airlines, é encontrada em seu apartamento de Manhattan violada e estrangulada em junho de 1971. Seu assassinato permaneceu inexplicável até 2011, quando foi ligado à Alcala.

Pela violação e tentativa de assassinato de Tali Shapiro, o FBI acrescentou Alcala à sua lista de dez fugitivos mais procurados. Duas jovens que freqüentam o acampamento de verão de George Mills notam sua foto em um cartaz do FBI nos correios em agosto. Elas a relatam ao reitor do acampamento de verão, que depois a reporta ao FBI.

A primeira prisão e encarceramento

Alcala é presa no local e extraditada para a Califórnia em 11 de agosto de 1971. Os pais de Tali Shapiro não permitirão que ela testemunhe no caso. Sem este testemunho, Alcala não pode ser condenada por estupro ou tentativa de assassinato; em vez disso, os promotores o declaram culpado de menores acusações. Ele é condenado a uma "sentença indefinida" em 19 de maio de 1972; é estabelecido um prazo durante o qual ele será mantido em custódia; se ele "provar" durante esse tempo, ele será elegível para a liberdade condicional. O médico da prisão estadual pensa que Alcala já demonstrou progressos e transformações significativas após dois anos e meio. Como resultado, Alcala é libertado em liberdade condicional em agosto de 1974, após cumprir uma pena de 34 meses de prisão. Ele é obrigado a se registrar no Departamento de Polícia de Monteray Park como um infrator sexual. No mesmo mês, ele consegue um emprego em uma empresa fotográfica em Los Angeles, onde ele tira imagens em lojas.

A segunda prisão e pena de prisão

Menos de dois meses após sua liberdade condicional, ele é preso em 13 de outubro por um superintendente de parque que explode com o cheiro de um charro. Ele encontra Alcala na companhia de uma garota de 13 anos de Huntington Beach. Alcala a raptou, beijou-a e a forçou a fumar maconha com ele. Alcala recebe novamente uma "sentença indeterminada" e é libertado em liberdade condicional após dois anos, em 16 de junho de 1977. A liberdade condicional é concedida porque se diz que Alcala foi "reformada" com base em programas de auto-aperfeiçoamento dos quais participou na prisão. Após sua libertação, ele é obrigado a se apresentar semanalmente ao seu agente da liberdade condicional.

Sua aparição em um programa de encontros na TV

Em 13 de setembro de 1978, Alcala é um participante de um programa de encontros na TV, o apresentador o apresentou como "Fotógrafo de sucesso que começou quando seu pai o encontrou totalmente desenvolvido na sala escura aos 13 anos de idade. Entre as filmagens, você podia vê-lo paraquedismo ou andar de motocicleta". De uma maneira suave, ele dá respostas espirituosas. Alcala ganha o programa de encontros. O prêmio é uma aula de tênis e uma viagem de um dia a um parque de diversões. No entanto, a mulher que o escolhe, Cheryl Bradshaw, cancela mais tarde o encontro deles porque o acha arrepiante. Sua participação no espetáculo, lhe dá o apelido de "O Assassino do Jogo do Namoro".

A recompensa pelo mau comportamento

Em 13 de fevereiro de 1979, ele leva Monique Hoyt, de 15 anos, que está pegando carona ao longo da estrada em Riverside. Ele a convence a deixá-lo tirar uma foto dela no bosque em conexão com um concurso de fotografia. Eles passam a noite juntos em seu apartamento. Na manhã seguinte, ele a leva para uma área remota nas montanhas ao redor de Los Angeles. Ele tira fotos nuas dela e depois a estupra. Ela ganha sua confiança permanecendo o mais amigável possível com ele, ela diz que quer um relacionamento com ele e foge quando ele usa o banheiro de um posto de gasolina. Ela relata isso à polícia e no mesmo dia reconhece Alcala em uma foto postada pela polícia, entre outras fotos de homens com aparência semelhante. Alcala é presa e admite que ele apertou a garganta dela e a estuprou. No entanto, Alcala logo está novamente em liberdade: sua mãe paga a fiança de 10.000 dólares e ele está livre novamente.

Em abril de 1979, Alcala entrega em sua carta de demissão a seu gerente no LA Times. Em 12 de maio, ele tem seu último dia de trabalho lá. Em 14 de junho, o corpo de Jill Parenteau, de 21 anos, é encontrado em seu apartamento em Burbank, Los Angeles. Ela foi estuprada, estrangulada e espancada. Está determinado que sua casa foi invadida. O DNA do perpetrador é deixado em seu corpo. Em 2004, a análise do DNA estabelece que Alcala cometeu o assassinato. O DNA de Jill Parenteau também é encontrado em um brinco que estava na posse de Alcala.

Em 20 de junho de 1979, Robin Samsoe, uma menina de 12 anos de Huntington Beach, desaparece. Seu corpo é encontrado 12 dias depois na "Floresta Nacional de Angeles", onde havia sido roído por animais selvagens. Um amigo da garota diz à polícia que um estranho lhes perguntou se ele poderia tirar fotos deles. Uma foto do culpado é tirada e distribuída.

Prisão e condenação

Em 14 de julho de 1979, Alcala é levada sob custódia pelo assassinato de Robin Samsoe; a fiança é fixada em 250.000 dólares. Durante uma busca na casa da mãe de Alcala duas semanas depois, os detetives encontram um recibo de aluguel de uma unidade de armazenamento em Seattle. Vários brincos são encontrados na unidade de armazenamento, incluindo o de Robin Samsoe.

O julgamento começa em 1980, Alcala se declara "inocente", mas no mesmo ano, em 20 de junho, ele é condenado a morrer por câmara de gás. O testemunho de suas irmãs e de sua então namorada que lhe forneceu um álibi para o assassinato de Robin Samsoe não teve nenhum efeito. Entretanto, o veredicto foi anulado em 1981 pela Suprema Corte da Califórnia porque os jurados haviam sido informados de seus crimes sexuais anteriores (o caso Tali Shapiro de 1968), o que os tendenciou.

Em 1986, Alcala foi novamente condenada à morte após um julgamento de dois dias pelo júri. Em resposta a seu recurso, o Tribunal de Apelação da 9ª Circunscrição anula o veredicto. Desta vez porque uma testemunha não foi autorizada a apoiar a alegação de Alcala sobre o guarda-parque que havia encontrado o corpo de sua última vítima, Samsoe. Na opinião de Alcala, este guarda-parque havia sido "hipnotizado pelos policiais".

Enquanto sob custódia, Alcala escreve e publica um livro, Você, o júri (1994), no qual ele alega inocência no caso Samsoe e propõe outro suspeito. Ele também escreve sobre sua experiência com Monique Hoyt, ela conta ao júri (na época do terceiro julgamento em 2010) que ele não só arruinou a vida dela, como contou histórias escandalosas sobre ela em seu livro.

Enquanto estava sob custódia, Alcala entrou com dois processos contra o sistema penal da Califórnia, por um incidente de escorregamento e queda e por se recusar a alimentá-lo com uma dieta pobre em gorduras.

A terceira ação judicial

Em 2009, chega a terceira ação judicial. Os promotores propõem combinar o "caso Samsoe" com as quatro vítimas recém-descobertas que podem ser atribuídas à Alcala como resultado da análise de DNA. A defesa protesta contra isso; como um deles explica: "Se você é jurado e ouve um caso de assassinato, provavelmente pode ter dúvidas razoáveis. Mas é muito difícil dizer que você tem dúvidas razoáveis sobre todos os cinco, especialmente quando quatro dos cinco não são alegados por testemunhas oculares, mas provados pelo DNA". Em 2006, a Suprema Corte da Califórnia decidiu a favor da acusação, e em fevereiro de 2010, Alcala foi julgada com base nas cinco acusações unidas.

Para este terceiro julgamento, Alcala opta por atuar como seu próprio advogado. Durante cinco horas, ele desempenha os papéis de interrogador e testemunha, fazendo-se perguntas e depois respondendo-as. Durante esta auto-interrogação bizarra, ele diz aos jurados que estava se candidatando a um emprego como fotógrafo na Knott's Berry Farm quando Samsoe foi sequestrado. Ele mostra ao júri parte de sua aparição em 1978 no The Dating Game, numa tentativa de provar que os brincos em seu armário de Seattle são dele, e não de Samsoe. Alcala não faz nenhuma tentativa significativa de contestar as quatro acusações acrescentadas, exceto alegando que não se lembra de ter matado nenhuma das mulheres. Como parte de seu argumento final, ele toca a canção de Arlo Guthrie "Alice's Restaurant" na qual o protagonista diz a um psiquiatra que quer matar. Após menos de dois dias de deliberação, o júri o considera culpado de assassinato em primeiro grau.

Uma testemunha surpresa durante a fase de pena do processo de julgamento é Tali Shapiro, a primeira vítima conhecida de Alcalá. Alcala não a questiona, ele pede desculpas por seu "comportamento desprezível". Shapiro não acredita em seu pedido de desculpas, que vem 40 anos após o fato. O psiquiatra Richard Rappaport, testemunha da defesa, testemunha que o distúrbio de personalidade limítrofe de Alcala pode ter causado que ele não se lembre de ter cometido os assassinatos porque o distúrbio pode ser acompanhado de episódios psicóticos.

O promotor, por outro lado, argumenta que Alcala é um "predador sexual" que "sabia que o que estava fazendo era errado e não se importava". Em março de 2010, Alcalá é condenado à morte pela terceira vez. A sentença de morte será executada por injeção letal. Ele permanece na prisão estadual de Corcoran, na Califórnia, aguardando novo recurso de suas sentenças de morte.

As fotografias de assassinato

Quando Alcala foi preso em 1979, a polícia entrou em posse de mais de duas mil fotografias que ele havia tirado nos anos anteriores. As fotografias mostram, em particular, mulheres e crianças nuas. Devido a razões legais, as fotos não podem ser compartilhadas com o público até março de 2010. Devido à natureza explícita das fotos, apenas 120 são compartilhadas com o objetivo de determinar se outras vítimas estão entre as pessoas que ele fotografou. Nas primeiras semanas após a distribuição, a polícia informa que 21 mulheres se apresentaram para se identificar. Pelo menos seis famílias dizem reconhecer entes queridos que desapareceram há anos e que nunca foram encontrados. No entanto, sem um corpo, não se pode provar que Alcala matou esses entes queridos. Em 2013, um membro da família reconheceu a foto de Christine Thornton, 28 na época de seu desaparecimento, cujo corpo foi encontrado no Wyoming em 1982. Em setembro de 2016, 110 das fotos originais foram permanentemente colocadas online e a polícia ainda está procurando a ajuda do público para tornar mais identificações possíveis.

Investigação adicional e a condenação Rodney Alcala

Estado de Nova Iorque

Após sua condenação de 2010, as autoridades de Nova Iorque anunciaram que não estavam mais perseguindo Alcala devido a seu status de condenado aguardando execução. Entretanto, em janeiro de 2011, um Grande Júri em Manhattan o indiciou pelos assassinatos de Cornelia Crilley, aeromoça da TWA, e Ellen Hover, herdeira de Ciro, em 1971 e 1977, respectivamente. Em junho de 2012, ele é extraditado para Nova York, onde inicialmente ele se declara inocente em ambos os casos. Em dezembro de 2012, ele muda as duas alegações para "culpado". Em 7 de janeiro de 2013, um juiz de Manhattan condena Alcala a mais 25 anos de prisão perpétua. A pena de morte não tem sido uma opção no Estado de Nova Iorque desde 2007.

Estado de Washington

Em 2010, a polícia marcou Alcala como uma "Pessoa de Interesse" (termo usado pelas autoridades policiais americanas ao identificar alguém envolvido em uma investigação criminal que não foi preso ou formalmente acusado de um crime) nos assassinatos não resolvidos de Antoinette Wittaker, 13 anos, em julho de 1977, e Joyce Gaunt, 17, em fevereiro de 1978.

São Francisco

Em março de 2011, detetives no condado de Marin, Califórnia, anunciaram sua crença de que Alcala foi responsável pelo assassinato de Pamela Jean Lambson, de 19 anos, que desapareceu após uma viagem ao Fisherman's Wharf para encontrar um homem que se ofereceu para fotografá-la. Seu corpo foi posteriormente encontrado no condado de Marin, perto de uma trilha para caminhadas. Sem impressões digitais ou DNA utilizável, é pouco provável que sejam apresentadas acusações, mas a polícia alega que há provas suficientes para convencê-los de que Alcala cometeu o crime.

Acusações criminais no Wyoming

Em setembro de 2016, Alcala foi acusada do assassinato de Christine Ruth Thornton, de 28 anos de idade, que desapareceu em 1977. Em 2013, um membro da família a reconheceu em uma foto tirada por Alcala, que foi tornada pública. Seu corpo foi encontrado em Sweetwater County, Wyoming, em 1982, mas só é identificado em 2015, quando o DNA fornecido pela família de Thornton combinava com amostras de tecidos de seus restos mortais. Na época da morte, esta mulher estava grávida de aproximadamente seis meses. Alcala admite ter tirado a foto, mas não admite ter matado a mulher. Alcala - agora com 73 anos - está "muito doente" para fazer a viagem da Califórnia a Wyoming para ser julgada pelas novas acusações. Ele permanece na prisão estatal de Corcoran, na Califórnia, aguardando novos recursos contra suas sentenças de morte.

O perfil de um sociopata

Quando Alcala tem 21 anos, ele é diagnosticado com "transtorno de personalidade anti-social". Este transtorno de personalidade ocorre em 0,2 a 3,3% da população holandesa; é caracterizado por um padrão de desrespeito ou violação dos direitos dos outros e por um comportamento impulsivo e anti-social. Muitas vezes há uma falta de consciência e um histórico de comportamento criminoso, agressivo e/ou impulsivo e problemas legais.

No caso de Alcala, os primeiros problemas não se manifestam até que ele tenha 18 ou 19 anos de idade; ele sofre colapsos nervosos enquanto trabalha como balconista no Exército dos EUA. Apesar de sua desordem de personalidade, ele consegue completar seus primeiros estudos universitários sem perder tempo. Somente após completar estes estudos, aos 25 anos de idade, ele comete seu primeiro crime violento oficial, violando uma menina de 8 anos e tentando matá-la. Ele escapa da polícia e continua a viver como se nada tivesse acontecido, adotando outro nome e não assumindo a responsabilidade por seus atos.

Ele consegue concluir com sucesso um segundo grau universitário sem problemas. Ele mantém um emprego como conselheiro de arte e teatro em um acampamento de verão por três anos. Após completar seu segundo estudo, Alcala erra no mesmo mês ao ceder a seus impulsos interiores; ele estupra e estrangula uma mulher de 23 anos. A partir daí, a história de vida de Alcala mostra um padrão de ataques sexualmente violentos contra mulheres e meninas muito jovens.

No julgamento, os promotores relatam que o método de assassinato de Alcala era sufocar suas vítimas com suas próprias mãos até que ficassem inconscientes, permitindo-lhes então recuperar a consciência antes de repetir o processo. O fato de que ele usa suas mãos para estrangular a vítima indica que ele não tem compaixão pela vítima e ao mesmo tempo desfruta do poder que tem sobre a vítima.

Um homem inteligente como Alcala poderia ter escapado com muito mais facilidade e segurança usando uma arma do crime diferente que tivesse um efeito mais rápido, mas ele não quis. "Ele se entusiasma em infligir dor em outras pessoas", disse o promotor Matt Murphy. Durante o julgamento, Alcala realizou uma peça de teatro na qual se questionou e respondeu com uma voz mais grave. Algo que mostra pouco respeito pelas vítimas e pelas famílias das vítimas.

Intencionalmente infligir danos (físicos) a outras pessoas é algo que a Alcala não pode parar de fazer. É um caminho que ele continua percorrendo, apesar de várias penas de prisão e dos programas de auto-aperfeiçoamento em que participou. Isto qualifica Alcala como um sociopata; o psiquiatra militar que diagnosticou "transtorno de personalidade anti-social" em 1964 estava correto.

2. Ted Bundy

Anos de atividade: 1961-1978
País: Estados Unidos
Assassinatos cometidos: 36 confirmados, mais de 100 estimados
Punição: Pena de morte por eletrocussão

Ted Bundy, nascido nos Estados Unidos como Theodore Robert Cowell em Burlington, Vermont, em 24 de novembro de 1946 e morto na Prisão Estadual da Flórida, Condado de Bradford, em 24 de janeiro de 1989), foi um dos mais famosos assassinos em série americanos.

Em 1979, depois de uma longa caminhada pelos Estados Unidos durante a qual ele abriu um rastro de numerosos assassinatos, foi finalmente condenado à morte por um tribunal estadual da Flórida pelo assassinato de dois estudantes universitários em Tallahassee e novamente em 1980 pelo assassinato de uma menina de 12 anos. Até então, ele já havia sido condenado à prisão pelo seqüestro de um adolescente em Utah e ainda estava sendo processado pelo assassinato de uma enfermeira no Colorado. Durante sua prisão, ele conseguiu escapar duas vezes.

Ele também foi suspeito em mais de trinta casos de assassinato em pelo menos cinco estados americanos. Sua mobilidade e seu modus operandi astuto eram característicos, nos quais ele fingiu estar precisando de ajuda ou se fez passar por um policial ou bombeiro. Ele freqüentemente se aproximava de suas vítimas em público e pedia ajuda a elas. Uma vez em seu carro (geralmente um Volkswagen Beetle), elas eram deixadas inconscientes, algemadas e levadas embora. Para transportar suas vítimas, ele freqüentemente retirava o assento do passageiro de seu carro. Bundy geralmente matava suas vítimas em um local remoto pré-selecionado. Apenas caveiras eram recuperadas de algumas vítimas e estas apresentavam ferimentos causados por um objeto rombo (geralmente um ferro de pneu ou um pé-de-cabra).

Quando as vítimas foram encontradas mais rapidamente, os corpos mostraram sinais de estrangulamento e estupro, além de ferimentos no crânio. Há apenas alguns poucos casos em que uma vítima sobreviveu: ou imediatamente travando uma forte luta, permitindo que ela escapasse, ou porque Bundy foi perturbado durante a tentativa de assassinato, obrigando-o a fugir.

Pouco antes de sua execução, ele confessou mais de 30 assassinatos. No entanto, as estimativas chegam a mais de 100 mulheres que ele supostamente matou. Sua advogada Polly Nelson o nomeou em seu livro Defendendo o Diabo: Minha história como o último advogado de Ted Bundy, publicada em 1994, "a própria definição do mal sem coração".

A juventude de Ted Bundy

Ted Bundy nasceu Theodore Robert Cowell, o filho ilegítimo de Eleanor Louise Cowell (1924-2012) em 24 de novembro de 1946, no Lar Elizabeth Lund para Mães Indomáveis, um lar para mães não casadas em Burlington, Vermont. Embora a certidão de nascimento liste um certo Lloyd Marshall como o pai, sua mãe alegou ter sido seduzida por um marinheiro chamado Jack Worthington. (No entanto, nenhum Jack Worthington pode ser encontrado nos arquivos navais e na marinha mercante). A família de Eleanor deu pouca credibilidade a essa história e havia rumores de que o pai de Eleanor, Sam, era o pai. Há evidências de que Eleanor deixou seu filho a seus próprios cuidados pela primeira vez após o nascimento e voltou para seus pais.

Eventualmente Ted veio morar com Eleanor e seus pais na Filadélfia. Para evitar ser referida a Eleanor como uma mãe não casada, seus pais disseram a Ted que ele era filho deles e que Eleanor era sua irmã mais velha. Sam Cowell era um homem tirânico que abusava de sua esposa, filha e animais e tinha visões racistas. Uma vez ele teve uma enorme birra quando foi discutido quem era realmente o pai de Ted. Sua esposa era uma mulher tímida e obediente que sofria de depressão e era tratada regularmente para isso com eletrochoque. Mais tarde ela desenvolveu a agorafobia.

Quando criança, Ted já apresentava um comportamento anormal: sua tia Julia uma vez acordou após uma sesta à tarde, rodeada por facas de cozinha com as lâminas apontando em sua direção. Ted ficou ao lado de sua cama e riu.

Em 1950, Eleanor (que desde então se deixou chamar Louise) partiu com Ted para Tacoma, para morar com parentes. Ela se encontrou através da igreja Johnnie Culpepper Bundy (1921-2007), que trabalhava como cozinheira em um hospital. Ela se casou com ele em 1951. Johnnie adotou oficialmente Ted e juntos o casal teve mais quatro filhos. Ted atuava regularmente como babá de seus meio-irmãos e irmãs.

Embora Johnnie Bundy tenha tentado construir um vínculo emocional com seu enteado Ted permaneceu distante. Ted sentia-se como um Cowell e sempre gostou muito de seu avô na Filadélfia. Ted olhou para Johnnie, que aos seus olhos ganhava muito pouco e não era muito brilhante. Johnnie tinha pouco controle sobre Ted e às vezes tinha que fazer valer sua autoridade usando a força.

Ted teve uma necessidade precoce de posses. Ao comprar roupas, ele invariavelmente levava sua mãe até as marcas mais caras. Ele começou a roubar e provou ser extremamente astuto.

As lembranças de Bundy de sua infância em Tacoma não são inequívocas. Ele contou diferentes histórias a seus biógrafos Stephen Michaud e Hugh Aynesworth, assim como a sua advogada Polly Nelson. Para Michaud e Aynesworth, ele contou sobre as buscas na vizinhança durante as quais ele procurou em latas de lixo por imagens de mulheres nuas. Foi dito a Nelson que ele procurou histórias de detetives e histórias de crimes verdadeiros em busca de histórias envolvendo violência sexual, de preferência com fotos de corpos mortos e mutilados, embora mais tarde ele tenha negado ler revistas de crimes verdadeiros em uma carta a Ann Rule. Ele disse a Michaud que ele bebia grandes quantidades de álcool e depois perambulava pelas ruas à noite para espiar as casas e ver as mulheres se despindo. Ele foi preso várias vezes pela polícia por suspeita de arrombamento e roubo.

Como o Bundy descobriu que ele era ilegítimo não é certo porque há várias histórias sobre ele. Bundy disse a sua namorada que ele foi chamado de "bastardo" por um primo e que o primo supostamente lhe mostrou então sua certidão de nascimento. Michaud e Aynesworth alegaram que ele mesmo encontrou a certidão de nascimento quando estava folheando os papéis de sua mãe. Ann Rule argumentou que o Bundy foi para sua cidade natal, Burlington, em 1969, e procurou sua certidão no registro de nascimento.

O Bundy provou ser um bom aluno na escola. Embora mais tarde ele alegou ter dificuldades com amizades, ex-companheiros de classe o descreveram como um garoto popular. Fora da escola, ele gostava de se manter ocupado com a prática do esqui. Como ele não tinha dinheiro para equipamentos de esqui adequados, ele roubava esquis e também falsificava passes para a entrada em estações de esqui. Quando ele completou 18 anos, seu histórico juvenil expirou, o que é comum em muitos estados americanos.

Bolsas de estudo, estudos e relacionamentos

Em 1965, ele abandonou o ensino médio e partiu com uma bolsa de estudos para a Universidade de Puget Sound em Tacoma, Washington, para estudar chinês. Após um ano, ele se transferiu para a Universidade de Washington. Lá ele conheceu uma estudante chamada Stephanie Brooks (pseud.). Ela era linda, tinha belos cabelos longos em uma separação do meio, vinha de uma família rica, e encarnava tudo o que ele procurava em uma mulher. Ele se apaixonou por ela como um tronco. Em 1966 ele interrompeu seus estudos em chinês e depois realizou uma série de trabalhos mal remunerados.

Embora Brooks gostasse dele e tivesse um relacionamento com ele por algum tempo, ela notou que ele às vezes mentiu, o que definitivamente não lhe agradou. Ela também acreditava que ele não estava apto para o casamento, uma vez que ela era ambiciosa e estabelecia metas enquanto ele havia abandonado a faculdade, não fazia planos para o futuro, e de outra forma parecia imatura para ela. Ela terminou o relacionamento deles após um ano e voltou para sua terra natal, a Califórnia. Isto teve um efeito devastador sobre Ted, que estava completamente desiludido. Apesar disso, ele foi voluntário no escritório de coordenação da campanha republicana de Nelson Rockefeller no Estado de Washington e participou da convenção republicana em Miami, em agosto de 1968.

Ele viajou para o Colorado, Arkansas e Pennsylvania para visitar a família. Na Filadélfia, ele freqüentou a faculdade na Universidade Temple durante vários meses. Segundo a escritora Ann Rule, durante este tempo ele também foi para Burlington, Vermont. Lá ele procurou nos registros municipais seus registros de nascimento e descobriu que ele era um filho ilegítimo.

De volta a Seattle, ele conheceu Elizabeth (Liz) Kendall (pseud.), filha de um dentista divorciado de Ogden, Utah, em 1969. Para se sustentar e à filha, ela trabalhou como secretária na Faculdade de Medicina da Universidade de Washington. Seu relacionamento se desenvolveu normalmente no início, embora ela tenha notado que ele nem sempre foi fiel a ela. Ela o amava e esperava que ele perdesse seu cabelo selvagem. Ela também o ajudou financeiramente. Embora o relacionamento com Kendall tenha continuado, Stephanie Brooks permaneceu em seus pensamentos. Ele manteve contato com ela através de cartas apesar da separação, mas ela parecia não estar disposta a renovar o relacionamento.

O Bundy começou a estudar novamente em 1970 e desta vez escolheu a psicologia. Ele se saiu bem e foi amado por seus professores. Em 1971, como parte de seus estudos, ele trabalhou por um tempo por dois dólares por hora em uma linha direta onde conheceu a ex-polícia e a escritora Ann Rule. Rule e Bundy foram emparelhados para trabalhar, já que sempre trabalharam em duplas. Eles se tornaram bons amigos. Ficaram ao lado de pessoas em dificuldades mentais e ofereceram um ouvido atento. Quando as pessoas ameaçavam tirar suas próprias vidas, uma mantinha a pessoa na linha enquanto a outra chamava a polícia para investigar. Desta forma, eles salvaram várias vidas, o que é notável à luz das ações posteriores do Bundy. Durante seus turnos, eles conversaram muito uns com os outros e o Bundy falou sobre ser um ilegal.

Rule o achou simpático e notou que ele estava preocupado com a segurança dela. Além disso, ele lhe deu bons conselhos quando soube dela que ela estava passando por um divórcio. Ela pegou revistas de crimes verdadeiros a pedido dele. Quando ela soube da relação dele com Kendall e sua obsessão por Brooks, ela o aconselhou a não desistir de Kendall. Mais tarde, Rule escreveu uma biografia do Bundy intitulada The Stranger Beside Me

Depois de graduar-se em 1972 e ser formado em psicologia, recebeu uma bolsa para trabalhar no Hospital Harborview como conselheiro com pacientes psiquiátricos. Um colega com quem Bundy também teve um breve relacionamento notou que em seus contatos com os pacientes ele estava mais dando ordens do que realmente sendo uma caixa de ressonância, era superficial, e que ele os assediava.

Enquanto isso, ele também esteve ativo novamente na política, trabalhando para a campanha de reeleição do Governador Republicano Dan Evans. Ele flertou com as muitas mulheres que conheceu nos comícios e se destacou ainda mais por sua excelente habilidade de contato.

Ele foi aos discursos do adversário democrata de Evans, Albert Rossellini, e os gravou com um gravador de cassetes para que pudessem ser analisados pela equipe de Evans. Quando isto ficou conhecido, um pequeno escândalo se seguiu, pois o Bundy havia se apresentado como estudante. Depois que Evans foi reeleito, o Bundy foi nomeado por Ross Davis, presidente do partido republicano em Washington, para o Comitê Consultivo de Prevenção ao Crime. Ele escreveu artigos para o boletim informativo, participou de reuniões e conduziu pesquisas sobre crimes de colarinho branco e prevenção de estupros.

Então, por recomendação de seus amigos republicanos, ele conseguiu um emprego no King County Office of Law and Justice Planning. Aqui ele se dedicou à pesquisa sobre reincidência entre os criminosos. Durante esta pesquisa, ele descobriu como as várias jurisdições e departamentos policiais trabalhavam mal em conjunto e também viu que muitos crimes não levavam a julgamentos. Tanto Evans como Davis escreveram elogios para o Bundy quando ele se candidatou à Universidade de Puget Sound (UPS) e à Universidade de Utah para a Faculdade de Direito. No entanto, Marlin Vortman, um amigo republicano do Bundy, aconselhou-o a estudar direito principalmente em Washington porque isso o colocaria em contato com advogados locais e também seria importante para suas ambições políticas. Ele foi aceito na UPS e iniciou esse estudo em 1973.

Como ele tinha uma obsessão por Brooks, ele tentou conquistá-la novamente e a visitou em 1973. Ela ficou impressionada com a enorme transformação pela qual ele havia passado: ele foi levado, havia estudado psicologia e começado a estudar direito. Sua relação floresceu novamente e ao mesmo tempo ele manteve sua relação com Kendall. Nenhuma das mulheres conhecia a existência uma da outra. Enquanto isso, o estudo do direito se mostrou extremamente decepcionante para Bundy e ele apareceu menos na universidade. Brooks voou várias vezes para Seattle para visitar Bundy, e em um comício político ele a apresentou a Ross Davis como sua noiva. Quando Kendall foi visitar seus pais em Utah com sua filha por volta do Natal, Brooks novamente ficou com ele em Seattle. Naquela época Bundy estava hospedado na casa de Marlin Vortman, que estava de férias no Havaí com sua esposa. A esta altura já se falava em casamento.

No início de 1974, de repente ele parou de ligar. Quando Brooks conseguiu falar com ele após várias semanas, ela perguntou com raiva o que ele estava fazendo. Bundy disse que ele não sabia do que ela estava falando, quebrou a conexão e Brooks nunca mais ouviu falar dele. Mais tarde, Bundy diria sobre esta virada de acontecimentos que ele queria provar para si mesmo que poderia realmente ter casado com ela. Entretanto, Brooks concluiu em retrospectiva que Bundy deve ter planejado o relacionamento renovado com ela e a separação, a fim de vingar-se dela por ela tê-lo abandonado anos antes. Pouco tempo depois, Bundy abandonou a faculdade.

Os primeiros assassinatos de Ted Bundy

É desconhecido quando exatamente o Bundy se tornou um assassino. Ele foi ativo como um espreitador por muitos anos e suspeita-se que ele fez sua primeira vítima já em 1961. Em várias entrevistas ele afirmou ter matado em 1969, 1972 e 1973. Os primeiros assassinatos que finalmente puderam ser concretamente atribuídos a ele foram cometidos em 1974.

No início de janeiro de 1974, a estudante de Seattle Joni Lenz (pseud.) foi atacada durante o sono, severamente espancada, e deixada para morrer. Ela sobreviveu ao ataque mas esteve em coma por um tempo e acabou sofrendo danos cerebrais. A partir de fevereiro de 1974, jovens mulheres começaram a desaparecer no Estado de Washington, cerca de uma por mês. Em 1º de fevereiro, Lynda Healy parecia ter sido raptada de seu dormitório em Seattle à noite. Havia uma mancha de sangue em sua roupa de cama e sua camisa de dormir estava pendurada em seu armário manchada de sangue. Como suas roupas também tinham desaparecido, a polícia inicialmente pensou que ela tinha sangrado do nariz e foi embora para procurar ajuda. Entretanto, quando foi descoberto que uma porta externa havia sido deixada destrancada, a polícia suspeitou que ela havia sido seqüestrada.

Os colegas de quarto de Healy não ousaram mais ficar no dormitório. Em Olympia, no dia 12 de março, Donna Manson deveria assistir a um show de jazz no campus do Evergreen State College, mas não chegou. Susan Rancourt, uma estudante do Central Washington State College em Ellensburg, estava programada para assistir a um filme alemão com um amigo no dia 17 de abril. No entanto, ela não apareceu. Em Corvallis, Oregon, Kathy Parks desapareceu no dia 6 de maio sem deixar rastro da Universidade Estadual do Oregon. A polícia inicialmente tinha poucas pistas e as provas concretas eram poucas e distantes. No entanto, havia semelhanças impressionantes: as desaparecidas eram estudantes universitárias, os desaparecimentos geralmente ocorriam à noite em terrenos universitários, e uma característica notável era que as mulheres usavam seus cabelos em uma separação do meio. Apesar da falta de boas pistas, havia relatos de estudantes femininas que haviam sido abordadas por um homem com o braço em uma funda ou andando sobre muletas com uma perna engessada. Ele pediu que o ajudassem a carregar alguns livros para o carro (um Volkswagen Beetle). Um estudante relatou que ele tinha um olhar estranho que a assustava.

Em junho, houve novamente pessoas desaparecidas: Brenda Ball foi vista pela última vez em 1º de junho em um bar em Burien, onde ela estava no estacionamento conversando com um homem usando uma funda. Georgann Hawkins caminhou até seu quarto no campus da Universidade de Washington por volta da 1 da manhã do dia 11 de junho depois de uma festa de fraternidade e desapareceu sem deixar rastro.

Os desaparecimentos causaram uma tremenda agitação e pânico. Houve uma queda perceptível no número de caroneiros e as mulheres tomaram precauções extras. Por exemplo, elas não saíam sozinhas para as ruas à noite. Muitas mulheres mudaram seu penteado para evitar encontrar a descrição das mulheres desaparecidas.

O Bundy trabalhou no Washington DES, o Departamento de Serviços de Emergência, durante este período. Ironicamente, esta organização estava envolvida na busca das mulheres desaparecidas. Também trabalhava lá Carole Ann Boone, com quem namorava regularmente e que desempenharia um papel importante mais tarde em sua vida.

No domingo, 14 de julho de 1974, estava muito calor e muitas pessoas estavam visitando o Parque Estadual do Lago Sammamish, uma área de recreação perto de Issaquah, naquele dia. Uma jovem mulher foi abordada por um homem com seu braço em uma funda. Ele lhe pediu ajuda para descarregar um veleiro. A mulher caminhou com ele, mas uma vez em seu carro, o veleiro foi encontrado desaparecido. Ele então disse que ele estava na casa de seus pais "mais adiante, subindo uma colina". A mulher indicou que seus amigos estavam esperando por ela para que ela não tivesse tempo. Ele respondeu com muita gentileza e até pediu desculpas por não lhe dizer que o barco não estava em seu carro. Janice Ott tinha apenas começado a tomar sol quando foi abordada pelo mesmo homem pedindo ajuda para descarregar seu veleiro. Eles conversaram por um tempo e quando ela se apresentou usando o nome Jan, ele respondeu dizendo que seu nome era Ted. Quando ele lhe disse que o veleiro estava na casa de seus pais em Issaquah, ela espontaneamente respondeu dizendo que ela mesma morava lá. Ela juntou suas coisas e caminhou com ele. Ott não foi visto vivo novamente. Algumas horas depois, Denise Naslund, que estava no parque com um bando de amigos, desapareceu sem deixar rastro depois de visitar o banheiro. Quando ela não voltou para seus amigos, eles mesmos revistaram o parque por horas. Em seguida, alertaram a polícia.

Os desaparecimentos no Lago Sammamish receberam a atenção da mídia e a polícia recebeu informações muito úteis das testemunhas pela primeira vez. Várias mulheres pareciam ter sido abordadas por ele. Elas descreveram um homem bonito em roupas brancas com cabelos escuros e seu braço em uma funda. Uma testemunha descreveu seu sotaque como canadense ou britânico e outra testemunha tinha ouvido dizer que ele se apresentou a Janice Ott como "Ted". Além disso, uma testemunha relatou que o homem era dono de um Volkswagen Beetle.

Quando estas informações se tornaram públicas e até mesmo um esboço composto foi mostrado, 200 dicas por dia chegaram. Uma dessas gorjetas envolvia um certo Ted Bundy. Liz Kendall, Ann Rule, uma professora da universidade onde Bundy havia estudado e um colega do DES havia transmitido o nome de Bundy. Kendall até forneceu fotos dele para a polícia. Quando a polícia investigou o Bundy, nada indicava que ele era o "Ted" procurado: um estudante de direito sem registro criminal (adulto) não era considerado suspeito e a polícia se concentrava em outras pessoas mais óbvias.

Em seu trabalho no DES, Bundy enfrentou a provocação de seus colegas que lhe disseram que ele era muito parecido com o esboço composto. Mesmo assim, ninguém suspeitava de mais nada.

No início de agosto, Carol Valenzuela foi vista pela última vez em um escritório de assistência social em Vancouver, Washington.

O oficial Robert Keppel estava em Seattle, encarregado da investigação dos assassinatos. Ele lidaria com os "assassinatos de Ted" durante anos e escreveu dois livros sobre eles. A investigação era complicada pelo fato dos desaparecimentos em Washington terem ocorrido em diferentes áreas legais, de modo que várias forças policiais estavam envolvidas na investigação. Embora Keppel estivesse inicialmente cético quanto ao fato de que um único criminoso era responsável pelos desaparecimentos, ele e seus colegas mapearam cuidadosamente todos os desaparecimentos. As semelhanças entre os casos eram inconfundíveis e por isso foram feitos todos os esforços para encontrar o homem.

Em parte devido à insistência de Liz Kendall, Bundy se mudou para Utah em agosto de 1974 para continuar seus estudos de direito na Universidade de Salt Lake City. Como ela era desse estado e grande parte de sua família vivia lá, ela esperava eventualmente viver com Bundy em Utah. Ela o deixou ir com um suspiro de alívio, pois sabia que ele não havia sido fiel a ela, e temia, com razão, que ele restabelecesse as relações com as mulheres em Utah.

No início de setembro de 1974, dois caçadores a vários quilômetros do Parque Estadual do Lago Sammamish encontraram um crânio e outros ossos, como uma caixa torácica. O exame forense revelou que os restos mortais pertenciam a Ott e Naslund. Também foi encontrada uma vértebra que indicava uma terceira vítima. Somente anos depois, o Bundy nos diria que essa vítima era Georgann Hawkins.

A partida do Bundy trouxe um fim abrupto aos assassinatos em Washington. Em Utah, no entanto, as mulheres foram logo dadas como desaparecidas. Por exemplo, Nancy Wilcox desapareceu sucessivamente em 2 de outubro em Holladay, Melissa Smith (a filha do chefe da polícia de Midvale, Louis Smith) em 18 de outubro, e Laura Aime em 31 de outubro em Lehi. O corpo de Wilcox nunca foi encontrado. Smith foi encontrado após nove dias e Aime após quase um mês. A investigação revelou que Smith tinha sido mantida viva por até sete dias após seu desaparecimento. Ambos os corpos mostraram sinais de força bruta com um objeto contundente, estupro e também havia vestígios de estrangulamento. Foi encontrada maquiagem no rosto de Smith que ela nunca usou e o cabelo de Aime parecia ter sido lavado.

Em 8 de novembro, Carol DaRonch foi recebida no centro comercial Fashion Place em Murray por um homem bem vestido e de bigode que se apresentou como Oficial Roseland. Ele pediu a ela o número da placa de seu carro e disse que alguém havia tentado arrombar seu carro. Ela caminhou com ele, mas em seu carro tudo estava bem. Roseland perguntou se ela queria ir com ele à delegacia para uma acusação oficial porque seu colega havia prendido um suspeito. DaRonch então pediu documentos de identificação aos quais o homem lhe mostrou um crachá dourado em um piscar de olhos. Ela entrou no carro com ele, um Volkswagen Beetle. Embora ela achasse estranho que ele não estivesse dirigindo um carro da polícia, ela achou que ele poderia estar disfarçado ou fora de serviço. Logo ela notou que ele não estava dirigindo em direção à delegacia de polícia e comentou sobre isso.

De repente, ele parou e agarrou o braço dela e colocou uma algema no pulso dela. Em pânico, ela lutou e, na luta, o segundo elo da algema ficou preso no mesmo pulso. Antes que ele pudesse partir o crânio dela com um pé-de-cabra, ela conseguiu abrir a porta do carro e se deixou cair para fora do carro.

Ela fugiu totalmente perturbada, quando o Carocha fugiu imediatamente. DaRonch parou um carro e ela foi levada à polícia pelos ocupantes. O agente Roseland obviamente não era conhecido pela polícia. DaRonch deu descrições claras e suas informações provaram ser muito valiosas. Uma mancha de sangue foi encontrada em suas roupas. A própria DaRonch tinha sangue tipo A positivo, mas o sangue em sua roupa acabou sendo do tipo O. Mais tarde, descobriu-se que Bundy tinha o mesmo tipo de sangue.

Entretanto, o Bundy ainda estava procurando uma vítima após a tentativa fracassada de seqüestro de DaRonch. Mais tarde naquela noite, ele chegou a uma escola secundária em Bountiful. Um show de palco estava sendo realizado lá e ele tentou atrair várias alunas e uma professora, provavelmente novamente sob o pretexto de ser um policial. Todos se recusaram.

Debby Kent estava com seus pais na apresentação, que se atrasou um pouco. Ela deixou a escola para pegar o carro para ir buscar seu irmão no ringue de patinação. Ela desapareceu do estacionamento, mas o carro ainda estava no lugar. Quando a polícia alertada investigou o local, encontrou uma chave para um conjunto de algemas. Essa chave parecia caber nas algemas que DaRonch estava usando. Uma testemunha relatou ter visto um besouro se afastando do estacionamento em alta velocidade. Várias testemunhas relataram ter ouvido alguém gritando no estacionamento.

Quando Liz Kendall leu sobre os eventos em Utah, ela decidiu informar a polícia em Salt Lake City sobre sua amiga. Naquela época, a propósito, Bundy já estava no radar das autoridades em Seattle.

Por exemplo, investigações tinham revelado que ele tinha tido as mesmas aulas na faculdade que Lynda Healy e também que ambos tinham estado na mesma loja pouco tempo depois um do outro, levando à conclusão de que ele poderia ter estado seguindo-a antes de atacar. O nome do Bundy também tinha surgido em outro caso de desaparecimento: Bundy havia visitado uma amiga no campus onde Susan Rancourt havia desaparecido.

Essa visita acabou sendo uma semana antes de seu desaparecimento, e mais tarde descobriu-se que um estudante havia encontrado um homem por volta da mesma época que precisava de sua ajuda para levar alguns livros para seu carro. Ele foi mais minuciosamente examinado.

Em 1975, Bundy transferiu seu escopo para o Colorado e Idaho. Em 12 de janeiro, Caryn Campbell, enfermeira de Michigan, estava em férias de esqui em Aspen quando desapareceu. Seu corpo foi encontrado um mês depois. Seu crânio havia sido esmagado e havia suspeitas de que ela havia sido estuprada. Em 15 de março, ele atacou em Vail, onde sequestrou Julie Cunningham, uma instrutora de esqui.

Menos de um mês depois, Denise Oliverson de Grand Junction foi visitar seus pais em sua bicicleta depois de uma discussão com seu marido, mas nunca chegou. Sua bicicleta e sandálias foram encontradas mais tarde sob uma passagem superior. Em 6 de maio, Lynette Culver foi sequestrada em Pocatello, Idaho, perto de sua escola. Susan Curtis desapareceu de uma conferência em Provo, em 28 de junho. Os corpos de Cunningham, Oliverson, Culver e Curtis nunca foram recuperados.

Em Washington, no entanto, a polícia ainda estava ocupada com a investigação dos desaparecimentos. Em março de 1975, vários crânios foram encontrados na Montanha Taylor, perto de Seattle. Após exame, suas identidades puderam ser determinadas: eram os desaparecidos Healy, Rancourt, Ball e Parks. Nos crânios havia vestígios visíveis de força bruta. A investigação estabeleceu que os crânios devem ter sido deixados lá por volta da mesma hora. O assassino aparentemente tinha mantido os crânios em algum lugar.

Como a polícia de Washington queria organizar a enorme quantidade de pistas e informações, a Keppel sugeriu o uso de um computador. O computador disponível (em comparação com um enorme dispositivo com fitas magnéticas) era normalmente usado para folha de pagamento. Listas de pessoas suspeitas eram compiladas em várias categorias. Por exemplo, havia listas de nomes de conhecidos das vítimas, pessoas chamadas "Ted", proprietários dos Volkswagen Beetles, agressores sexuais, e inúmeras outras informações.

Ao executar todas essas listas através do computador e fazê-las procurar semelhanças, o número de suspeitos foi reduzido de 3.000 para 200 e depois para 25. Foi verificado quais indivíduos apareceram em mais de 1 lista. Ted Bundy apareceu em quatro listas, então seria apenas uma questão de tempo até que a polícia se concentrasse nele. Pouco tempo depois, chegaram notícias de Utah: O Bundy parecia ter sido preso.

Prisão, julgamento e fugas

Em 16 de agosto de 1975, um oficial viu um Volkswagen Beetle estacionado na beira da estrada em um subúrbio de Salt Lake City, por volta das 2h30 da manhã. Quando ele quis falar com o motorista, este decolou com as luzes apagadas. Após uma curta perseguição, o Carocha finalmente parou em um posto de gasolina. O oficial pediu ao motorista sua carteira de motorista. Aconteceu que estava em nome de Theodore Robert Bundy.

Quando perguntado por que ele fugiu, Bundy respondeu que fumava maconha e tinha medo de ser preso. O oficial perguntou o que ele estava fazendo na rua tão tarde, ao que Bundy lhe disse que ele tinha ido ao cinema e que tinha visto The Towering Inferno. O oficial ficou desconfiado porque sabia que apenas os westerns eram mostrados lá e pediu permissão para revistar o Carocha. Ele notou que o Besouro de Bundy estava faltando o assento do passageiro. No carro, ele encontrou sacos plásticos, corda, um pé-de-cabra, um picador de gelo, luvas, algemas e uma máscara feita de meias de nylon com buracos para peepholes. Durante o interrogatório, Bundy explicou calmamente que havia usado a máscara enquanto esquiava, as algemas haviam sido encontradas em uma lixeira, e o resto eram "apenas artigos domésticos".

No entanto, o oficial acreditava que eles eram ferramentas de arrombamento. Ele levou Bundy sob custódia por suspeita de fuga da polícia e posse de ferramentas de arrombamento. Ele foi levado para a delegacia, fotografado e registrado. Foi então autorizado a sair com a condição de que ele se mantivesse disponível para mais interrogatórios. No dia seguinte, um detetive retomou a investigação. Ele ligou o Besouro e as algemas encontradas ao seqüestro falhado de DaRonch.

O nome Bundy era familiar para ele, pois esse nome apareceu em um relatório de Washington. Bundy foi formalmente preso alguns dias depois por suspeita de possuir ferramentas de arrombamento e por tentativa de fuga da polícia. Ele foi amplamente interrogado. Ele se comportou com extrema calma e pareceu achar toda a situação bastante divertida. Quando lhe foi apresentado um documento solicitando permissão para revistar sua casa, ele o assinou prontamente. Ele foi então autorizado a deixar o escritório.

DaRonch foi mostrado um grande número de fotografias. Entre elas estavam várias do Bundy. Embora inicialmente ela tivesse dúvidas, ela tirou a foto do Bundy observando que o bigode estava faltando.

Quando a casa de Bundy foi revistada, a polícia encontrou folhetos de estações de esqui no Colorado e também encontrou um mapa marcando o hotel onde Caryn Campbell tinha desaparecido. Eles também encontraram um panfleto anunciando a peça escolar de 8 de novembro de 1974 em Bountiful. Bundy nos diria mais tarde que ele guardava fotos de Polaroid de suas vítimas em um armário de trabalho e estas não haviam sido encontradas durante a busca. Após o término da busca, ele destruiu essas fotos.

O Bundy foi observado e agentes o viram limpando completamente seu Besouro. Em setembro, ele vendeu seu carro a uma adolescente, coincidentemente uma colega de classe de Melissa Smith. Mais tarde, a polícia apreendeu o carro e o desmontou completamente para um exame forense. Foram encontrados vestígios de sangue. Eles também encontraram um cabelo no porta-malas que mais tarde se revelou pertencer a Caryn Campbell. Além disso, a polícia encontrou um pêlo púbico pertencente a Melissa Smith.

Liz Kendall foi entrevistada extensivamente por agentes do Utah em Washington em setembro sobre seu relacionamento com o Bundy. Ela lhes disse que ele dormia frequentemente durante o dia e saía regularmente à noite. Ela havia encontrado itens na casa que "não entendia": materiais para colocar em gesso, muletas e até mesmo um saco de roupas femininas. Ela também indicou que ele tinha idéias sexuais bizarras. Por exemplo, ele lhe perguntou se ela queria sexo anal, o que ela recusou horrorizada. No entanto, ela permitiu que ele a amarrasse várias vezes. Ela também nos disse que acordou uma noite e notou o Bundy estudando seu corpo com uma lanterna debaixo das cobertas. O que ela também notou foi que Bundy possuía todo tipo de coisas que ele não podia pagar com seus meios financeiros.

Quando ela disse algo sobre isso, ele ameaçou quebrar o pescoço dela se ela contasse aos outros. Ele ficou bastante chateado quando uma vez ela sugeriu que ela cortasse o cabelo (que ela usava em uma risca do meio). A conversa também revelou que Bundy não estava com ela nas noites em que os estudantes universitários desapareciam em Washington. Kendall foi questionada mais tarde e foi informada sobre o relacionamento de Bundy com Stephanie Brooks em 1973.

Em 2 de outubro, o Bundy foi convocado para comparecer a um confronto de Oslo (também conhecido como "lineup"). Os oficiais ficaram espantados quando o viram: Bundy tinha ido ao cabeleireiro e estava usando seu cabelo completamente diferente, fazendo-o parecer quase irreconhecível. Ele fez isso para desmascarar as testemunhas. Ele foi colocado em uma fila entre outros homens, onde foram mostrados pela frente e de lado. Eles também tiveram que recitar algumas linhas de texto. Bundy estava em sétimo lugar na fila. Carol DaRonch estava presente, assim como várias testemunhas que tinham visto Bundy na apresentação da escola em Bountiful. Todas foram convidadas a anotar o número do suspeito e todas anotaram o número sete.

Após esta identificação, o Bundy foi informado de que ele havia sido reconhecido, o que o chocou muito. Ele foi então formalmente preso e detido. A fiança foi fixada em 100.000 dólares, mas esta foi posteriormente reduzida para 15.000 dólares. Agora um processo criminal foi construído contra ele pela tentativa de sequestro e assassinato de DaRonch. Devido à falta de provas, a acusação de tentativa de assassinato acabou tendo que ser retirada.

A prisão do Bundy, entretanto, havia causado um alvoroço em Washington. As pessoas não podiam imaginar que ele era culpado e quase todos acreditavam em sua inocência. O próprio Bundy fez saber que as muitas expressões de apoio lhe fizeram bem e "o fizeram sentir como se tivesse realmente realizado algo na vida".

Em novembro, o Bundy foi liberado sob fiança depois que seus pais pagaram a fiança de 15.000 dólares. No período que antecedeu o início do julgamento, Bundy viveu com Liz Kendall enquanto a polícia o observava.

Kendall escreveu mais tarde em seu livro O Príncipe Fantasma sobre sua relação com Bundy que na época era praticamente impossível para eles saírem pela porta, pois havia "tantos carros da polícia civil começando que era como se a corrida da Indy 500 estivesse começando".

Em novembro, os principais funcionários policiais que trabalham no caso Bundy (Robert Keppel de Washington, Jerry Thompson de Utah e Mike Fisher do Colorado) reuniram-se com uma equipe de trinta investigadores e promotores públicos de cinco estados em Aspen. Nesta reunião, mais tarde conhecida como a Cúpula de Aspen, eles trocaram informações extensiva e coletivamente chegaram à conclusão de que Bundy era o homem que eles estavam procurando. Ao mesmo tempo, eles tiveram que reconhecer que as acusações contra ele exigiam provas muito mais concretas.

O julgamento começou em 23 de fevereiro de 1976. A conselho do advogado do Bundy, John O'Connell, foi solicitado um julgamento sem júri, já que o caso tinha recebido muita publicidade. DaRonch foi duramente questionado, mas apontou o Bundy como o perpetrador. Bundy admitiu que havia mentido aos agentes sobre suas atividades em 16 de agosto de 1975 e, além disso, não tinha álibi conclusivo para a noite, quando Carol DaRonch foi quase vitimada. As mentiras do Bundy não agradaram ao Juiz Stewart Hanson. Após uma semana, ele foi considerado culpado pela tentativa de seqüestro de DaRonch. Um psiquiatra, entretanto, foi ordenado a examinar o Bundy. Quando esse exame foi concluído, a sentença oficial veio: 1 a 15 anos de prisão com chance de libertação antecipada.

Em outubro, o Bundy foi apanhado nos arbustos do presídio. Lá, foram encontrados mapas, horários de vôo das companhias aéreas e outras informações. Suspeito de possuir um chamado "pacote de fuga", ele foi preso em segregação por várias semanas. Em 22 de outubro, Bundy foi oficialmente acusado do assassinato de Caryn Campbell no Colorado. A acusação foi baseada (em parte) no cabelo da cabeça de Campbell encontrado no carro de Bundy. Bundy queria se defender neste caso. Para evitar a extradição para o Colorado, ele inicialmente apresentou um protesto legal, mas depois o retirou. Em janeiro de 1977, ele foi extraditado para o Colorado e transferido para Glenwood Springs.

O Bundy, no entanto, tinha planos de fuga. Durante as audiências preliminares no tribunal de Aspen, ele notou que as janelas do segundo andar estavam sempre abertas com bom tempo. Para se preparar para uma tentativa de fuga, ele treinou seus tornozelos, praticando saltos em sua cela. Em 7 de junho de 1977, Bundy foi levado à biblioteca do tribunal por um oficial durante um intervalo em uma audiência, a seu próprio pedido, para que ele pudesse consultar alguns livros de Direito. Ele esperou até que o oficial que estava fumando no corredor não estivesse prestando atenção. Ele então saltou da janela do segundo andar e fugiu. No salto, ele machucou o tornozelo. No entanto, seu salto foi visto por uma testemunha que imediatamente deu o alarme.

A área foi imediatamente isolada e uma extensa busca foi conduzida durante dias. A fuga levou a muitas críticas ao judiciário, mas também foi objeto de piadas lúdicas. Em restaurantes de fast food as pessoas podiam pedir um Bundyburger, um hambúrguer sem carne. As pessoas andavam em camisetas com textos como "Bundy é grátis, você pode apostar seu Aspen nele" e "Bundy vive nas Montanhas Rochosas". Os caroneiros também colocaram o texto "Eu não sou Bundy" em seu cartaz com o destino desejado.

O Bundy, apesar das extensas buscas e bloqueios de estradas, permaneceu em liberdade por quase uma semana. Ele perambulou pela montanha Aspen e perdeu duas estradas de montanha que levavam a Crested Butte, seu destino. Ele invadiu as cabines da montanha e roubou comida lá. Ele até encontrou um membro armado de uma equipe de busca que estava procurando por ele, mas conseguiu escapar com uma desculpa. Ele finalmente retornou a Aspen em 13 de junho, agora excessivamente cansado por falta de sono e prejudicado por seu tornozelo. Ele roubou um carro, mas foi parado por causa de sua conspícua guinada de direção.

Uma vez de volta à cela, o Bundy começou a se preparar para outra fuga. Ele foi capaz de acumular 500 dólares, trazidos em parte por um amigo e em parte doados por amigos próximos que acreditavam que o dinheiro lhe permitiria obter um bom aconselhamento jurídico. Através de um companheiro de cela, ele conseguiu obter uma serra de arco. A lâmpada na cela do Bundy tinha uma solda fraca e o Bundy começou a serrar através dela para entrar no espaço de rastejamento acima dela. Ao mesmo tempo, ele começou a mudar sua dieta. Começou a perder peso e acabou perdendo cerca de 16 libras. Finalmente, ele conseguiu entrar no espaço de rastejamento e imediatamente começou a procurar uma maneira de escapar. Os colegas detentos relataram ruídos no espaço de rastejamento, mas ninguém se preocupou em investigar mais a fundo.

No final de 1977, o Bundy foi informado que o primeiro dia de julgamento no caso Campbell seria realizado em 9 de janeiro de 1978. Embora tenha sido inicialmente acordado que nenhuma sentença de morte seria solicitada no caso Campbell, foi anunciado que ele seria transferido para a audiência em Colorado Springs, onde os julgamentos freqüentemente resultariam em sentença de morte. Em 30 de dezembro, ele colocou livros e outros materiais debaixo de seu cobertor para dar a impressão de que ele estava apenas dormindo. Ele se mexeu através da abertura no teto de sua cela e rastejou para o espaço do rastejamento. A casa do guarda Robert Morrison ficava bem ao lado da prisão e Bundy conseguiu entrar na casa através do teto. Morrison e sua esposa estavam fora naquela noite. Em todo caso, a vigilância da prisão foi menor durante o período de Natal porque muitos guardas tiveram tempo livre e alguns detentos tiveram licença de Natal.

Bundy trocou de roupa na casa de Morrison e foi embora. Estava muito frio e houve uma tempestade de neve. Bundy roubou um carro, mas logo ele teve problemas. Um motorista lhe deu carona para Vail e Bundy pegou um ônibus para Denver. Em Denver, ele comprou uma passagem para o vôo das 8h55 da manhã da TWA para Chicago.

O vôo do Bundy foi descoberto tarde. Como ele não tomou o café da manhã nas semanas que antecederam a fuga, os guardas só descobriram que ele havia desaparecido por volta do meio-dia, 17 horas depois de sua fuga. Naquela época, Bundy já estava em Chicago.

Flórida: os últimos assassinatos e a nova detenção

De Chicago, Bundy viajou de trem para Ann Arbor, Michigan. No entanto, ele achou muito frio e roubou um carro. Foi assim que ele conseguiu chegar à Geórgia, onde deixou o carro em uma favela. Ele pegou o ônibus e chegou em Tallahassee, Flórida, em 8 de janeiro de 1978.

Usando o nome "Chris Hagen", ele alugou um quarto em um dormitório. Ele resolveu manter um perfil discreto e, se conseguisse encontrar trabalho, talvez pudesse ter uma vida normal, já que não era bem conhecido na Flórida. Quando ele pediu trabalho em um canteiro de obras, foi-lhe pedido um documento de identificação, algo que não tinha sobre ele. O Bundy começou a roubar (novamente), ganhando a posse de vários cartões de crédito e de identidade.

Embora ele quisesse agir de forma discreta, suas tendências assassinas voltaram em força total. Na noite de 14-15 de janeiro, ele forçou sua entrada no dormitório do Sindicato dos Estudantes de Chi Omega e foi de quarto em quarto armado com um bastão. Margaret Bowman e Lisa Levy foram severamente espancadas e estranguladas. Bundy mordeu Levy na nádega e a autópsia revelou que um mamilo havia sido quase completamente arrancado. Ela também havia sido estuprada com uma lata de laca.

Bowman foi tão maltratado que o médico legista não conseguiu determinar onde terminou uma fratura no crânio e começou outra. Dois outros estudantes universitários, Karen Chandler e Kathy Kleiner, sofreram ferimentos graves. Elas sobreviveram porque Bundy fugiu quando ouviu um aluno chegar em casa. Este estudante o viu fugir. Bundy novamente forçou sua entrada em uma casa a alguns quarteirões de distância e atacou a estudante Cheryl Thomas.

Duas alunas que moravam ao lado de Thomas foram acordadas pelo barulho e tentaram chamar Thomas. Bundy fugiu quando ouviu o telefone tocando na casa de Thomas. Quando ela não atendeu e gemidos foram ouvidos, as alunas alertaram a polícia que rapidamente chegou ao local. Thomas foi encontrado com várias fraturas no crânio e ficaria surdo de um ouvido em conseqüência do ataque. Ela também teve que terminar seu treinamento de dança porque sofreu distúrbios de equilíbrio devido ao ataque.

Em 8 de fevereiro, Bundy foi para Jacksonville numa van roubada e falou com Leslie Parmenter, de 14 anos. Ela estava a caminho de casa e deveria ser recolhida por seu irmão. Posando como o bombeiro Richard Burton, ele perguntou onde ela estudava. Ela notou que ele estava agindo muito nervoso. Ela se perguntava por que ele queria saber. Naquele momento, o irmão dela chegou de carro e ele imediatamente perguntou o que o homem queria. Bundy balbuciou um pedido de desculpas e fugiu apressadamente. O irmão de Leslie anotou o número da placa do Bundy e o entregou ao pai, que era policial e imediatamente se encarregou disso. Bundy deixou Jacksonville e dirigiu-se para o oeste em direção a Lake City.

Em 9 de fevereiro, Bundy raptou uma menina de 12 anos, Kimberly Leach de sua escola em Lake City e a matou. Ela seria sua última vítima. Bundy deixou Tallahassee em 12 de fevereiro em um carocha cor de laranja roubado e fugiu. Em 15 de fevereiro de 1978, ele foi visto em Pensacola, destacando-se em um restaurante fechado. Quando o oficial David Lee solicitou o número da placa do carro, descobriu-se que o carro havia sido roubado. Após sua prisão, Bundy tentou fugir. Após uma breve perseguição durante a qual Lee disparou tiros de advertência, seguiu-se uma luta. Lee conseguiu dominá-lo pouco tempo depois. No Carocha 21 cartões de crédito, foram encontrados 3 conjuntos de cartões de identificação e uma TV. Também foram encontradas as roupas que o Bundy usou durante a tentativa fracassada de seqüestro em Jacksonville. Quando Lee dominou sua prisão, ele ouviu Bundy dizer "Eu gostaria que você tivesse me matado". Momentos depois, ele perguntou se levaria um tiro se tentasse fugir da prisão. Além disso, ele indicou que Lee seria definitivamente promovido com sua prisão.

Inicialmente o Bundy personificava Kenneth Raymond Misner, cujo cartão de identificação ele possuía. Quando o verdadeiro Misner soube que ele teria sido preso, denunciou-o à polícia. Bundy então mudou seu nome para John Doe, que é o nome padrão nos EUA para indivíduos do sexo masculino não identificados. Após vários dias, ele revelou sua verdadeira identidade após consultar um advogado. Embora o nome Bundy tenha dito pouco aos agentes no início, isso mudou quando foi descoberto que ele estava na lista dos dez criminosos mais procurados do FBI.

Após sua prisão, cartões de crédito foram usados para encontrar uma conexão com Tallahassee e Lake City, de modo que Bundy se tornou suspeito nos casos de assassinato na casa da irmandade Chi Omega e do desaparecimento de Kimberly Leach. Assim, foi construído um extenso caso criminal contra o Bundy. O corpo de Leach foi encontrado no Parque Estadual de Suwannee em abril de 1978. Vestígios de Bundy foram encontrados no local do corpo.

Os julgamentos em Miami e Orlando

Como a condenação não era um dado adquirido, a acusação ofereceu ao Bundy um acordo em maio de 1979: se ele confessasse os assassinatos de Levy e Bowman, bem como de Leach, ele receberia 75 anos de prisão, sem chance de liberdade condicional. Bundy gostou inicialmente do acordo. Se ele aceitasse o acordo, poderia esperar que testemunhas retirassem seus depoimentos e esperar que as provas fossem perdidas e depois solicitar uma reabertura do caso. No entanto, no último minuto, ele rejeitou a oferta. O advogado Mike Minerva disse sobre isso que o Bundy teria então que admitir que ele era culpado, algo que ele não podia ou não faria.

Em 25 de junho de 1979, o julgamento começou em Miami. Bundy que, apesar da presença de vários advogados, novamente optou por se defender, conseguiu que o julgamento fosse remarcado por causa da quantidade de publicidade em Tallahassee e arredores.

O julgamento do Bundy foi um dos primeiros a ser televisionado e a cobertura da mídia foi esmagadora. A sala do tribunal estava lotada e entre os presentes estavam os pais do Bundy e Ann Rule. Bundy desfrutou de toda a atenção e se tornou uma sensação de mídia por causa de seu carisma e de sua aparência bonita. Ele fez contato visual com muitas admiradoras que lutaram por um lugar no tribunal, por assim dizer. Rule diria mais tarde sobre isso que aquelas mulheres não perceberam que poderiam ter sido suas vítimas se ele as tivesse encontrado durante sua busca por mulheres. Bundy estava confiante de que ele seria absolvido e desempenharia com convicção o papel de seu próprio advogado.

Várias testemunhas se apresentaram para falar. A estudante Nita Neary que o tinha visto fugir do dormitório Chi Omega o identificou como suspeito. Outras alunas contaram como haviam visto Bundy em 14 de janeiro de 1978, poucas horas antes dos assassinatos no Sherrod's, um bar ao lado da casa de Chi Omega. Uma estudante disse que havia dançado com ele, mas o achou assustador e que ele parecia "um pássaro da cadeia".

As marcas de mordidas nas nádegas de Lisa Levy se mostraram cruciais como prova. Dois especialistas em odontologia, Richard Souviron e Lowell Levine, fizeram moldes de gesso dos dentes de Bundy em nome da acusação e estes foram comparados através de folhas transparentes com as impressões nas nádegas de Levy. Elas se revelaram compatíveis.

Embora Bundy não se parecesse nada com um maníaco homicida, a sala de audiências teve um vislumbre do assassino Bundy. Quando Bundy interrogou o oficial Ray Crew e pediu que ele contasse em detalhes o que tinha visto quando descobriu o corpo de Levy, a audiência viu como Bundy estava se divertindo.

No final de julho de 1979, a sentença foi estabelecida. O júri o considerou culpado de duas acusações de assassinato e três de tentativa de assassinato. O juiz Edward Cowart pronunciou a pena de morte (por cadeira elétrica) em uma audiência separada. Até ele teve que reconhecer que ficou impressionado com Bundy: "Você teria sido um bom advogado e eu teria adorado vê-lo trabalhando aqui no meu bar". No entanto, você tomou um caminho diferente. Cuide de si mesmo e quero que saiba que não tenho nada contra você.

Em janeiro de 1980, Bundy apareceu novamente no tribunal, desta vez em Orlando, onde foi julgado pelo assassinato de Kimberly Leach. Havia provas forenses suficientes neste caso para que ele fosse condenado. Bundy usou uma lei antiga durante o caso que torna a troca de votos de casamento em um tribunal um casamento válido. Bundy pediu Carole Boone em casamento quando ela foi chamada como testemunha. Boone tinha sido o mais fiel apoiador de Bundy durante anos e entrou em cena como sua namorada quando Liz Kendall rompeu seu relacionamento com Bundy em 1976, durante sua prisão em Utah. Ela aceitou a proposta de casamento dele. Como Bundy declarou que ele se casaria com ela, o casamento se tornou oficial.

O Juiz Wallace Jopling acabou condenando-o à morte novamente. A execução desta sentença finalmente o colocou na cadeira elétrica depois de anos sentado no corredor da morte.

Enquanto estava no corredor da morte, Bundy iniciou uma batalha legal contra suas sentenças de morte desafiando as sentenças ou fazendo com que os casos fossem reabertos. Durante uma visita de Carole Boone à prisão, ela ficou grávida de Bundy e deu à luz a uma filha em 1982. Em 1984, houve um tumulto quando foi revelado que uma barra de sua cela havia sido serrada e remontada com uma substância fabricada com sabão. Bundy recebeu uma cela diferente e as verificações celulares foram feitas com mais freqüência. Mais tarde, um encontrou outro espelho sobre ele. Em 1984, ele ofereceu sua ajuda à polícia de Washington em sua caça ao chamado Assassino do Rio Verde. Os oficiais Robert Keppel e Dave Reichert vieram à Flórida e conversaram com ele. Mais tarde, Keppel argumentaria que eles tinham vindo à Flórida principalmente para ver se conseguiam que o Bundy falasse sobre suas próprias ações. Sua ajuda para localizar o Assassino do Rio Verde não foi crucial. Não foi até 2001 que este assassino foi preso na pessoa de Gary Ridgway.

Em 1984, os parentes de Janice Ott e Denise Naslund solicitaram a libertação dos restos mortais de ambas as mulheres que haviam sido preservados como prova até então. Quando se descobriu que os restos mortais haviam sido "perdidos", ambas as famílias processaram a polícia. Isto acabou resultando em indenização.

As ordens de execução foram emitidas várias vezes em março, julho e novembro de 1986, mas o Bundy e seus advogados conseguiram detê-los a todos.

O fim

Em dezembro de 1988, foi emitida outra ordem de execução. Seus advogados tentaram novamente, em vão, obter uma suspensão da execução. Quando ficou claro que o Bundy tinha ficado sem opções legais para contestar a execução, ele fez com que seu advogado apelasse para as famílias de suas vítimas: se elas fizessem lobby para a suspensão da execução, o Bundy revelaria todos os detalhes. O governador Robert Martinez respondeu dizendo "não deixaremos que o sistema de justiça seja manipulado". Para ele, negociar sua vida nas costas de suas vítimas é desprezível". As famílias se recusaram a aceder ao pedido do Bundy, já que assumiram que o Bundy havia matado seus filhos. Eles sentiram que uma confissão era desnecessária. O veredicto final deveria ser dado em 24 de janeiro de 1989, às 7:00 da manhã. Quando seu plano não funcionou, o Bundy decidiu-se por uma confissão completa. Robert Keppel veio à Flórida para falar com o Bundy quando solicitado e registrou inúmeras confissões. Bundy também conversou com o agente do FBI William Hagmeier. Além disso, Bundy confessou assassinatos a policiais de Utah e Colorado. Eventualmente, mais de 20 assassinatos foram resolvidos.

A seguir está uma lista dos assassinatos e tentativas de assassinatos que o Bundy confessou:

Washington:

- *vítima desconhecida*, 1973
- *Joni Lenz*, 4 de janeiro de 1974, sobreviveu ao ataque
- *Lynda Healy*, 1 de fevereiro de 1974
- *Donna Manson*, 12 de março de 1974
- *Susan Rancourt*, 17 de abril de 1974
- *Kathy Parks* (raptada do Oregon), 6 de maio de 1974
- *Brenda Ball*, 1 de junho de 1974
- *Georgann Hawkins*, 11 de junho de 1974
- *Janice Ott*, 14 de julho de 1974
- *Denise Naslund*, 14 de julho de 1974

Oregon:

- *vítima desconhecida*
- *vítima desconhecida*

Utah:

- *Nancy Wilcox*, 2 de outubro de 1974
- *Melissa Smith*, 18 de outubro de 1974
- *Laura Aime*, 31 de outubro de 1974
- *Carol DaRonch*, 8 de novembro de 1974, *ela conseguiu escapar*
- *Debby Kent*, 8 de novembro de 1974
- *Susan Curtis*, 28 de junho de 1975

Colorado:

- *Caryn Campbell*, 12 de janeiro de 1975
- *Julie Cunningham*, 15 de março de 1975
- *Denise Oliverson*, 6 de abril de 1975

Idaho:

- *vítima desconhecida*, 2 de setembro de 1974
- *Lynette Culver*, 6 de maio de 1975

Flórida:

- *Lisa Levy*, 15 de janeiro de 1978
- *Margaret Bowman*, 15 de janeiro de 1978
- *Karen Chandler*, 15 de janeiro de 1978, ela sobreviveu ao ataque
- *Kathy Kleiner*, 15 de janeiro de 1978, ela sobreviveu ao ataque
- *Cheryl Thomas*, 15 de janeiro de 1978, ela sobreviveu ao ataque
- *Kimberly Leach*, 9 de fevereiro de 1978

Ainda assim, muitas coisas permaneceram inexplicáveis e o Bundy tentou evitar a execução através da retenção de detalhes. Um dia antes de sua execução, ele deu uma entrevista a James Dobson e lhe disse que a pornografia o havia levado a suas ações. Especialistas disseram sobre a entrevista que Bundy disse exatamente o que Dobson queria ouvir, já que ele era um oponente franco da pornografia. Bundy tentou assim ganhar a simpatia do público e novamente tentou impedir sua execução. No entanto, foi em vão.

Na madrugada de 24 de janeiro de 1989, dezenas de pessoas se reuniram na Prisão Estadual da Flórida em Starke. Elas carregavam faixas e cartazes com a inscrição "Terça-feira é Fryday" e "Rosas são vermelhas, violetas são azuis, bom dia Ted, vamos te matar". Um DJ exortou a multidão a não usar muito poder porque eles precisavam dele para a execução do Bundy. Por volta das 7:00h Bundy foi levado para a câmara de execução e colocado na cadeira elétrica.

Ele foi amarrado e dois eletrodos foram colocados em seu corpo. Foi então perguntado se ele tinha algo a dizer. Diga a minha família e amigos que eu os amo", disse ele. Em seguida, ele foi executado com vários choques elétricos. Às 7h16 da manhã, o médico da prisão o diagnosticou como morto. Quando o carro funerário carregando o corpo do Bundy deixou o local da prisão, a multidão começou a aplaudir.

Aftermath

Nos dias seguintes, foram publicadas fotos do cadáver do Bundy. Ele foi cremado em Gainesville, Flórida. Em seu testamento, ele havia estipulado o desejo de que suas cinzas fossem espalhadas nas áreas montanhosas ao redor de Seattle, onde muitas de suas vítimas haviam sido encontradas. Quando isto se tornou conhecido, houve muitos protestos, mas a dispersão ocorreu.

Ann Rule, que já havia publicado seu bestseller sobre o Bundy em 1980, lançou edições revisadas de seu livro. Nos anos que se seguiram à execução, muitas mulheres relataram a ela que afirmaram ter sido abordadas pelo Bundy em uma época ou outra. A regra incorporou os relatórios mais credíveis em uma das reimpressões. Ela também respondeu a perguntas em um capítulo adicionado separadamente.

Embora o Bundy tenha confessado mais de 20 assassinatos, o número real de vítimas continua sendo adivinhado. Bundy fez saber inequivocamente que ele tinha mais em seu prato com seu comentário de que para cada assassinato que fosse a público "poderia haver um que ficasse escondido". Há inúmeros casos nos estados de Washington, Oregon, Utah e Colorado nos quais o Bundy pode ser considerado suspeito.

Não há provas, no máximo pistas na forma de registros de cartão de crédito ou de contas de testemunhas que o coloquem muito próximo. Os casos são:

Washington:

Lisa Wick & Lonnie Trumbull, junho de 1966

No bairro Queen Anne Hill de Seattle em junho de 1966, os dois assistentes de bordo Wick e Trumbull foram atacados em sua casa à noite. No ataque, Trumbull morreu. Wick sobreviveu (provavelmente porque ela estava usando modeladores que absorviam os golpes), mas ficou em coma por um tempo. Ambas as mulheres faziam compras regularmente em uma filial da Safeway em sua vizinhança, onde Bundy estava então trabalhando. Mais tarde, Wick disse a Ann Rule que tinha certeza de tê-las atacado.

Joyce LePage, 22 de julho de 1971

LePage desapareceu de um campus Pullman em julho de 1971. Meses depois, seu corpo foi encontrado em uma ravina envolta em um tapete. O Bundy foi visto na área, mas faltam evidências.

Carol Valenzuela, 2 de agosto de 1974

Valenzuela foi visto pela última vez à boleia perto de Vancouver, Washington. Bundy foi de carro para Salt Lake City em agosto de 1974 e pode ter passado por Vancouver, embora não haja provas disso.

Oregon:

Rita Jolly, 29 de junho de 1973

Vicki Hollar, 20 de agosto de 1973

Bundy confessou dois assassinatos no Oregon, mas não se sabe se ele estava se referindo a Jolly e Hollar ao fazê-lo.

Utah:

Nancy Baird, 4 de julho de 1975

Baird desapareceu de seu trabalho em um posto de gasolina da FINA em Farmington. O Bundy negou envolvimento neste caso em particular.

Debbie Smith, Fev. 1976

Smith desapareceu em Salt Lake City em fevereiro de 1976. O Bundy estava então sob fiança aguardando seu primeiro julgamento. O corpo de Smith foi encontrado perto do aeroporto de Salt Lake City em 1º de abril daquele ano.

Colorado:

Suzy Cooley, 15 de abril de 1975

Cooley desapareceu depois de deixar seu colégio na Holanda, Colorado. Os trabalhadores das rodovias encontraram seu corpo no início de maio de 1975. Os registros do cartão de crédito mostraram que Bundy estava em Golden, não muito longe da Holanda, no dia do seu desaparecimento. Embora Bundy fosse um suspeito, desde então foi determinado através de testes de DNA que Cooley não foi morto por ele.

Shelly Robertson, 1 de julho de 1975

Robertson não chegou ao trabalho em Golden. Seu corpo foi mais tarde encontrado em um poço de mina. Novamente, os registros de cartão de crédito indicavam a presença de Bundy na área no momento de seu desaparecimento. Faltam, no entanto, provas concretas.

O Bundy parecia ter estado em muitos estados: Califórnia, Arkansas, Pensilvânia, Nova Jersey, Vermont, Kentucky e Geórgia.

 Isso levou muitos departamentos policiais desses estados a rever seus arquivos sobre pessoas desaparecidas e/ou assassinatos para descobrir se o Bundy poderia ter estado envolvido.

Dois casos se destacaram:

Vermont:

Rita Curran, 19 de julho de 1971, Burlington

Rita Curran era faxineira em meio período em um hotel adjacente ao Lar Elizabeth Lund para Mães Não-Vivas, o lar onde nasceu o Bundy. Ela foi encontrada morta em casa em 19 de julho de 1971, estuprada e com o crânio esmagado. Em retrospectiva, as circunstâncias deste assassinato foram tão semelhantes ao modus operandi de Bundy que ele foi identificado como um possível suspeito. Há períodos em 1971 em que não está claro onde Bundy estava e, portanto, sua presença em Burlington não pode ser confirmada. Entretanto, relatórios da cidade mencionam um certo Bundy que foi supostamente mordido por um cão durante aquela semana.

Nova Jérsei:

Susan Davis & Elizabeth Perry, 3 de junho de 1969, Somers Point

Em 30 de maio de 1969, Davis e Perry, dois amigos universitários, foram esfaqueados até a morte. O carro deles foi encontrado vazio naquele dia. Três dias depois, os corpos das duas mulheres foram encontrados nas proximidades. Bundy estava freqüentando a faculdade na Universidade Temple, na Filadélfia, na época. Uma entrevista com a tia de Bundy, Julia, revelou que ele tinha uma perna engessada por um acidente no fim de semana em que os assassinatos aconteceram. Assim, ele nunca poderia ter estado em Nova Jersey. A evidência de um acidente, entretanto, parecia ser inexistente. Isto levou o jornalista Richard Larsen a pensar que ele poderia ter usado essa "lesão" como desculpa para pedir ajuda às duas mulheres, assim como fez mais tarde durante seus assassinatos. Não há provas concretas de que Bundy seja o perpetrador.

Em 2002, foi resolvido um caso no qual o Bundy há muito tempo era suspeito. No desaparecimento e assassinato de Kathy Devine em 1973, os testes de DNA encontraram um suspeito, um certo William E. Cosden.

Em 2011, um tubo de sangue do Bundy foi recuperado de um tribunal da Flórida. Ele havia sido obrigado a doar esse sangue para investigação policial em 1978. A qualidade da amostra de sangue revelou-se tão boa que foi possível fazer um perfil completo de DNA. Esse perfil foi inserido no banco de dados de DNA do FBI e um dos primeiros casos a serem resolvidos foi o desaparecimento de Ann Marie Burr, de 8 anos de idade, em agosto de 1961. Bundy tinha 14 anos na época e tinha uma rota de jornais que incluía a rua onde a garota morava. Bundy conhecia a garota porque ela morava ao lado de um tio dele. O pai de Burr alegou que tinha visto Bundy perto da casa deles na manhã seguinte ao desaparecimento. Bundy sempre negou ter algo a ver com o desaparecimento e até escreveu uma carta aos pais em 1986, dizendo-lhes que estava inocente. A partir dos vestígios deixados pelo desaparecimento de Ann Marie Burr, o DNA de Bundy não pôde fornecer provas conclusivas. O DNA permanece disponível para pesquisa nos chamados casos de casos frios.

O perfil do Ted Bundy

Bundy era um assassino altamente organizado que era muito meticuloso e, em sua maioria, preparava seus assassinatos de forma extensiva. Ele procurou suas vítimas com cuidado e escolheu antecipadamente um local para esconder o cadáver. Ao ler revistas sobre crimes verdadeiros e trabalhar para várias comissões e agências de investigação, ele estava bem ciente dos métodos de investigação e usava este conhecimento para ficar fora das mãos da polícia.

Ele escolheu deliberadamente o estrangulamento e a agressão como seus métodos de assassinato porque produziam relativamente pouco barulho e podiam ser realizados com utensílios cotidianos.

Assim, ele evitou armas de fogo por causa do barulho e das provas balísticas que eles deixaram para trás. Ele seguiu a cobertura da mídia de seus assassinatos e atingiu em locais amplamente espaçados, às vezes com centenas de quilômetros de distância. Ele cobriu bem suas pistas, queimou as roupas de suas vítimas (exceto as de Julie Cunningham, que ele jogou em um recipiente de roupas) e deixou poucas ou nenhumas provas concretas nos locais. A falta de provas concretas em muitos casos foi um dos argumentos que o levaram a alegar sua inocência.

Embora Bundy pertencesse ao tipo organizado, ele também mostrou traços do tipo desorganizado. Após o assassinato de Georgann Hawkins, ele entrou em pânico e jogou suas roupas para fora do carro, juntamente com as algemas. Quando recuperou sua compostura um dia depois, voltou ao local do crime e recolheu os itens deixados para trás.

Os assassinos em série se tornam cada vez mais perigosos quanto mais tempo operam. Os intervalos entre os assassinatos tornam-se mais curtos e o controle do perpetrador diminui. As façanhas do Bundy também indicam claramente isto: em Washington, Utah e Colorado, ele matou de forma controlada e extremamente planejada, e se comportou de forma quase discreta. Na Flórida, ele perdeu o controle de si mesmo e assumiu riscos cada vez maiores. Os assassinatos na casa da irmandade Chi Omega foram um massacre e ele foi visto por testemunhas tanto lá como no sequestro de Leach. Seu comportamento também não era nada parecido com suas ações controladas em Washington, Utah, e Colorado. Por exemplo, testemunhas da Flórida nos disseram que ele parecia descuidado, falou incoerentemente e agiu nervoso.

O término do relacionamento de Stephanie Brooks foi uma experiência traumática que o afetou profundamente. Muitas de suas vítimas eram muito parecidas com ela. A Dra. Dorothy Otnow Lewis chamou essa rejeição por Brooks de um ponto crucial em seu desenvolvimento. Ann Rule especulou que ele guardava tal rancor contra Brooks que foi levado a matar mulheres que se assemelhavam a ela. Quando Bundy foi perguntado sobre isso, ele respondeu dizendo que isso era um disparate. De acordo com ele, as mulheres eram atraentes, mas completamente diferentes fisicamente.

Nas fotos do Bundy, destaca-se sua aparência sempre em mudança. Bundy já foi descrito como um camaleão:

Ao mudar seu penteado (com a separação à esquerda ou à direita e um comprimento de cabelo sempre em mudança), variando seu peso por alguns quilos (o que fez seu rosto parecer mais cheio ou mais magro) e ao espetar um bigode e/ou deixar crescer uma barba, ele poderia mudar totalmente sua aparência. Bundy sabia disso e o utilizou extensivamente.

O Juiz Stewart Hanson, que julgou o Bundy em 1976, disse em uma entrevista que em um dia de julgamento o Bundy retornou ao tribunal após um adiamento com roupas diferentes e com um penteado diferente que o tornava quase irreconhecível. Ele escondeu seu traço mais conspícuo, uma marca de nascença em seu pescoço, usando gola alta ou camisas com colarinho. Na Flórida, ele deixou crescer um bigode e desenhou uma marca de nascença em sua bochecha a lápis.

A polícia reclamou que às vezes não tinha como obter fotografias dele, já que muitas pessoas não o reconheciam. O mesmo parecia ser o caso com seu carro. Alguns indicaram que o Carocha era uma cor clara, outros descreveram-no como escuro.

Os jornalistas Stephen Michaud e Hugh Aynesworth tiveram a oportunidade de falar com o Bundy em 1980. A proposta deles de escrever um livro sobre ele foi bem recebida, mas o Bundy estava relutante em divulgar. Aí eles sugeriram que ele especulasse na terceira pessoa sobre os métodos do assassino e assim Bundy poderia falar mais ou menos livremente sem se incriminar. Durante as sessões de entrevista, Bundy pela primeira vez começou a falar mais sobre suas motivações. Sobre seus roubos, ele nos disse que realmente gostava de ser dono das coisas. Ele também queria ser dono de suas vítimas e fez isso através da violência sexual utilizada. No início ele matou para evitar ser identificado, mas mais tarde os assassinatos se tornaram parte da posse.

Além disso, descobriu-se que o Bundy tinha um medo quase obsessivo de ficar sem gás. Seus extratos de cartão de crédito mostraram que ele encheu enormemente, sempre em pequenas quantidades.

O agente do FBI William Hagmeier procurou o Bundy no corredor da morte e o Bundy desenvolveria uma boa relação com ele. Notável desde que ele olhou para baixo a polícia e o FBI, que ele considerava incompetentes e abaixo dele. Ele gostava de brincar de jogos psicológicos. Por exemplo, ele tirava fotos dos agentes de vigilância que o observavam em 1975 e 1976. Certa vez, ele zombou do policial de Utah Jerry Thompson que estava "procurando por palhinhas". Ele o aconselhou a continuar procurando e então ele poderia "eventualmente fazer uma vassoura com essas palhinhas".

Hagmeier notou como Bundy vivenciou seus assassinatos. Ele os descreveu como uma espécie de unificação com suas vítimas, que assim passaram a fazer parte dele e sempre estiveram com ele. Em 1986, quando sua execução parecia inevitável, ele disse francamente a Hagmeier e Nelson que continuava visitando os lugares onde ele deixava suas vítimas. Ele aplicou maquiagem no rosto da sem vida Melissa Smith e do cadáver de Laura Aime ele lavou o cabelo. Ele indicou "se você tiver tempo você pode fazê-los ser quem você quiser". Ele confessou ter decapitado pelo menos 12 vítimas. Ele também confessou ser um necrófilo e abusar dos corpos para esse fim.

Embora Bundy tenha acabado por se confessar, ele se recusou a assumir a responsabilidade por suas ações. Para ele, a culpa por suas ações estava fora de si. Por exemplo, ele declarou que chegou a suas ações por causa da falta de seu pai biológico, da violência usada por seu avô, do consumo de álcool, da violência na TV, da pornografia e da polícia, a quem ele acusou de adulteração de provas.

Em certo momento, ele até colocou a culpa nas vítimas: em uma carta para Kendall, ele escreveu uma vez que conhecia pessoas que irradiavam vulnerabilidade. Assim, elas provocariam violência contra elas. Que ele não tinha compaixão por suas vítimas tornou-se aparente quando uma vez as chamou de "mulheres descartáveis" e uma vez deixou escapar, "o que é uma mulher a menos no mundo?

Ted Bundy foi examinado extensivamente por psiquiatras em várias ocasiões. A primeira vez foi em 1976, quando a Dra. Al Carlisle o analisou em nome do tribunal de Utah. Carlisle determinou que Bundy sofria de mudanças de humor, era dependente de mulheres em relacionamentos, e esta dependência ele marcou como suspeita. Ele concluiu ainda que o Bundy tinha medo de ser humilhado nos relacionamentos.

Em preparação para o julgamento de 1979, o Bundy foi examinado pelo Dr. Emanuel Tanay. Ele descobriu que Bundy sofria de um distúrbio de personalidade e que era movido por um comportamento impulsivo. De acordo com ele, Bundy estava mais preocupado em impressioná-lo do que em aproveitar as oportunidades que uma análise lhe ofereceria. Tanay observou ainda que o distúrbio do Bundy não lhe permitiria contribuir construtivamente para sua defesa. Ele estava mais interessado em rejeitar a autoridade e a autoridade do que em salvar sua vida. Ele previu que Bundy rejeitaria uma oferta de confissão de culpa em troca de pena de prisão porque ele não seria capaz de brilhar no tribunal. Tanay concluiu que o Bundy demonstrou claramente a psicopatia em seu comportamento.

A Dra. Dorothy Otnow Lewis examinou o Bundy em 1987. Ela o diagnosticou com distúrbio maníaco-depressivo, observando que ele cometeu seus assassinatos durante seus episódios depressivos, mas mais tarde recantou esse diagnóstico. Ela ainda sugeriu que Bundy tinha uma personalidade múltipla baseada em dois depoimentos de testemunhas. Uma tia-avó contou uma vez sobre esperar com Bundy pelo trem, onde de repente ele pareceu uma pessoa diferente e a assustou. Um carcereiro teve uma experiência semelhante: ele notou Bundy agindo estranhamente e parecia que sua personalidade havia mudado. Ele relatou estar com medo dele naquele momento.

O diagnóstico final apontou para um distúrbio de personalidade anti-social. Este termo é usado para o que antes era chamado de psicopatia e sociopatia. Pessoas com este transtorno podem ser muito charmosas, são superficialmente desenvolvidas em termos de personalidade, têm uma consciência deficiente ou sem consciência, sabem a distinção entre certo e errado, mas não se deixam dissuadir de cometer crimes e têm pouca ou nenhuma culpa.

Eles manipulam seu ambiente e são irresponsáveis. Como Bundy era bom nisso ficou claro quando um psiquiatra uma vez teve que admitir que Bundy era capaz de manipular até mesmo ele.

A falta de culpa, a propósito, foi admitida pelo próprio Bundy quando ele disse em 1981: "A culpa não resolve nada". Estou na invejável posição de não ter culpa". Seu comportamento irresponsável é evidente, entre outras coisas, em sua infidelidade em seus relacionamentos e na maneira como ele lidava com dinheiro: A certa altura, em 1975, ele devia dinheiro a quase todos à sua volta.

Michaud comparou o charme de Bundy e a atração pelas mulheres a uma flor artificial que engana os insetos. O desenvolvimento superficial do caráter de Bundy foi adequadamente descrito por Larry Diamond, colega de Bundy no DES. De acordo com ele, Bundy era como uma vitrine convidativa: "você é persuadido a entrar na loja, mas uma vez dentro dela quase não há mercadoria presente".

Que por trás do encanto de Bundy estava uma personalidade fria ficou claro quando lhe perguntaram se ele tinha realmente matado 35 mulheres. Ele afirmou que "tinha que haver outra figura lá para obter o total". Tanto Ann Rule como Robert Keppel acreditam que esta era sua forma de insinuar que ele havia matado mais de 100. Mais tarde, o Bundy amenizou essa observação e disse a Polly Nelson que o número de 35 estava correto. Entretanto, Keppel manteve sua posição, como notou em suas conversas com Bundy que (tanto ele quanto Bundy sabiam disso) o número real de vítimas era muito maior do que 35.

Bundy relatou que uma vítima caiu em si em seu carro e acreditou que iria ajudá-la com um exame de espanhol que ela teria que fazer no dia seguinte. Ele se maravilhou com isso. Outras vítimas, quando chegaram, foram informadas que ele as levaria para o pronto-socorro.

Parecia haver uma certa ingenuidade no pensamento do Bundy: por exemplo, ele ficou surpreso com a falta de suas vítimas. Ele também via a América como um país no qual as pessoas não se notavam, e mostrava espanto quando ouvia que testemunhas o haviam visto em algum lugar.

Em 1989, quando sua execução parecia inevitável, Bundy começou a confessar seus assassinatos à Keppel e a agentes de Utah e Colorado. Keppel ficou atônito com o que ouviu: Bundy lhe disse que ele tinha mantido as cabeças de Healy, Ball, Rancourt e Parks em sua casa por algum tempo. Ele descreveu em detalhes como ele havia matado Hawkins e confessou ter queimado a cabeça de Manson na lareira de Kendall. Sobre este último, ele notou que Kendall nunca o perdoaria por isso. Hagmeier notou que Bundy estava com medo de morrer e queria saber em detalhes como a execução foi feita. Bundy também conversou com ele sobre o suicídio. Segundo Hagmeier, Bundy não queria dar ao estado da Flórida o prazer de vê-lo morrer. Bundy acabou desistindo de seus planos de suicídio de qualquer forma.

Embora Carole Boone Bundy tenha continuado a acreditar na inocência de seu marido durante anos, uma distância se desenvolveu entre eles em 1986 que terminou em divórcio. Ela partiu com sua filha e mudou sua identidade várias vezes. Após a doença, ela ficou confinada a uma cadeira de rodas e viveu em um lar de idosos onde ninguém sabia de seu passado. Ela acabou falecendo aos 70 anos de idade, em janeiro de 2018.

Em uma das atualizações lançadas do livro de Ann Rule, The Stranger Beside Me, Rule escreve que seu cão, um verdadeiro amigo de sempre, não gostava do Bundy. Ela ocasionalmente levava o animal com ela para o seu trabalho na linha direta, onde ela e Bundy atendia os telefones. Toda vez que Bundy vinha até ela, o cão rosnava e fazia o pêlo em seu pescoço se levantar. Como resultado, Rule indicou que as pessoas deveriam "prestar mais atenção aos seus cães".

O governo ficou chocado quando, após a morte de Bundy, ela foi contatada por mulheres que lhe disseram que estavam deprimidas com a morte de Bundy. Algumas até disseram que haviam sofrido um colapso nervoso. Todas essas mulheres correspondiam a ele e todas estavam convencidas de que eram "as únicas" para ele. A regra indicava que para curar elas tinham que reconhecer que haviam sido enganadas por um mestre manipulador e que estavam de luto por uma pessoa que nunca havia existido. Ela concluiu que Bundy era uma vítima mesmo depois de sua morte.

Ann Rule explicou em uma entrevista que às vezes as pessoas nascem com uma predisposição genética que mais tarde pode levar à violência. Se tal indivíduo cresce desde o início em uma família próxima e calorosa, onde a educação se concentra no respeito pelos outros e relacionamentos normais, esta predisposição pode eventualmente desaparecer e assim impedir que alguém se torne violento. Entretanto, se tal indivíduo cresce em uma família na qual a violência e normas e valores desviantes são normais, a base foi lançada para um desenvolvimento de caráter extremamente perigoso. No caso de Ted Bundy, este parece ser claramente o caso: durante os primeiros quatro anos de sua vida, ele viveu em uma família instável onde a violência era uma ocorrência regular. A regra também afirma que as crianças podem perceber muito cedo se elas são desejadas ou não, o que também influencia muito o seu desenvolvimento. Novamente, a incapacidade de Ted Bundy de se apegar à sua mãe imediatamente após o nascimento deve certamente ter prejudicado o desenvolvimento de seu caráter. Entretanto, deve-se notar que o próprio Bundy disse que ele "optou por matar".

Em retrospectiva, pode-se concluir que o Bundy "teve seu tempo". Os testes de DNA eram praticamente inexistentes e a polícia ainda não tinha acesso aos extensos sistemas de informática de hoje. O fato de que as câmeras de vigilância ainda não eram uma visão comum nos anos 70 também funcionou em benefício do Bundy. Em parte como resultado dos crimes do Bundy, o chamado VICAP (Violent Criminal Apprehension Program) foi colocado em funcionamento em 1985: um banco de dados no qual os dados dos assassinatos são armazenados e comparados com outros casos, a fim de detectar semelhanças e padrões. O Bundy aumentou significativamente o conhecimento dos assassinos em série e matizou ainda mais a percepção geral de tais criminosos.

3. Dean Corll

Anos de atividade: 1970-1973
País: Estados Unidos
Assassinatos cometidos: 28 confirmados, 40+ estimados
Punição: 6 sentenças de 99 anos de prisão

Dean Arnold Corll nasceu em Fort Wayne, em 24 de dezembro de 1939 e morreu em Pasadena, Texas, em 8 de agosto de 1973 foi um serial killer americano apelidado de Candy Man porque sua família era proprietária da Corll Candy Company. Junto com os cúmplices David Oven Brooks e Elmer Wayne Henley, ele sequestrou, torturou e assassinou pelo menos 28 meninos de 13 a 20 anos em Houston, de 1970 a 1973. O caso caiu nos livros como os homicídios em massa de Houston.

Corll conheceu seu fim aos 33 anos de idade quando Henley atirou nele. Este último então chamou a própria polícia para contar-lhes o que havia feito e imediatamente revelou os assassinatos nos quais Corll, Brooks e ele haviam estado envolvidos nos anos anteriores.

O Modus Operandi de Dean Corll

Corll era co-gerente (junto com sua mãe Mary Robinson) da loja de doces de sua família. Ele era conhecido por dar doces de graça regularmente às crianças do bairro, principalmente aos adolescentes. Por exemplo, em 1967 ele conheceu Brooks, então com doze anos de idade, como um dos vários meninos adolescentes com quem ele gostava de conviver. Ele foi à praia com eles e instalou uma mesa de bilhar na loja de doces, onde os meninos podiam vir e brincar.

O primeiro assassinato de Corll foi o de Jeffrey Konen, de dezoito anos, em setembro de 1970. Ele pegou o garoto quando ele estava pedindo carona, estrangulou-o e o enterrou. Corrl então raptou mais duas vítimas e as amarrou a uma placa de compensado preparada em sua casa. Quando ele estava prestes a se desfilhar sobre eles, Brooks o pegou. Em troca de um carro, ele prometeu manter a boca fechada sobre isso. Então Brooks aceitou a oferta de Corll de lhe dar 200 dólares por cada garoto que ele atraía para a casa de Corll.

Depois de trabalharem juntos para levar o número de vítimas a nove, Henley, então quinze, se envolveu no caso. Ele distribuiu cartazes com pedidos de informações sobre seu amigo desaparecido David Hilligiest. Brooks apresentou Henley à Corll em 1971. Em vez de fazer dele sua próxima vítima, Corll também fez a oferta de Henley para atrair garotos por 200 dólares cada. Foi-lhe dito que Corll fazia parte de um grupo organizado de pessoas que se dedicavam ao abuso sexual de meninos menores de idade. Henley também aceitou e tornou-se ativo como um chamariz. O número de meninos trazidos à Corll, amarrados, torturados e depois assassinados continuou a aumentar. Meninos atraídos eram às vezes drogados, às vezes capturados pela força bruta. Embora ficou claro para Henley, a certa altura, que Corll estava torturando e matando suas vítimas, ele não parou de atrair novos garotos.

O clímax dos crimes de Dean Corll

Henley atraiu Timothy Cordell Kerley para a casa de Corll em agosto de 1973. Entretanto, ele também trouxe consigo Rhonda Williams, de quinze anos de idade, que havia encontrado lá fora porque ela estava fugindo de seu pai bêbado. Depois de consumir a bebida necessária e a maconha, os três adolescentes adormeceram na casa de Corll.

Quando Henley acordou, ele estava de mãos e pés amarrados. Kerley e Williams se amordaçaram ao seu lado no chão. Corll ficou furioso por Henley ter trazido uma garota para ele. Henley conseguiu que ele o desamarrasse concordando em cooperar para torturar e matar os outros dois adolescentes. Com isso, ele pegou a arma do Corll e lhe disse que já era o suficiente. Ele então acabou com a vida de Corll com cinco balas. Depois de libertar Kerley e Williams, eles persuadiram Henley a chamar a polícia. Ele chamou. Ele então disse à polícia onde poderiam encontrar os corpos desencarnados de várias das vítimas do Corll,

Na noite de 8 de agosto, Brooks se apresentou à polícia em Houston. Ele negou ter participado de tortura ou assassinato, mas confessou ter tido conhecimento disso. Como Henley, ele começou a ajudar a polícia em sua busca pelos garotos assassinados. Todos os meninos haviam sido mortos por estrangulamento ou balas e mostraram ferimentos das cordas usadas para amarrá-los. Foram encontrados vestígios de abuso sexual para tortura sexual em todas as vítimas, como objetos sendo inseridos em seu reto ou uretra ou castração enquanto ainda estavam vivos.

As vítimas

Na direção de Brooks e Henley, a polícia de Houston encontrou os corpos de 27 meninos mortos, assim como um osso adicional do braço e uma pélvis na mesma cova em que as duas últimas vítimas encontradas jaziam. Em 13 de agosto de 1973, a busca por mais corpos foi interrompida, apesar de 42 meninos terem desaparecido desde 1970 e pelo menos mais duas vítimas de Correll não terem sido encontradas, de acordo com Henley. O corpo de Joseph Lyles foi encontrado por acaso em 1983.

As penas pelos assassinatos de Henley e Brooks

Foram encontradas pessoas suficientes para levar um total de seis horas de depoimentos de testemunhas contra Henley e Brooks, incluindo os de Rhonda Williams e Tim Kerley. Ambos os rapazes foram acusados separadamente. Brooks foi condenado por um assassinato, o de Billy Ray Lawrence (15). Por isso, ele recebeu uma sentença de prisão perpétua. Henley foi condenado por seis assassinatos e recebeu 6 x 99 anos de prisão por isso. Sua morte a tiros de Corll não foi julgada como homicídio, mas em legítima defesa.

4. Jeffrey Dahmer

Anos de atividade: 1978-1991
País: Estados Unidos
Assassinatos cometidos: 15 confirmados
Punição: Vida na prisão

Jeffrey Lionel Dahmer nasceu em Milwaukee, em 21 de maio de 1960 e morreu em Portage, em 28 de novembro de 1994 era um assassino em série americano, afrodisíaco, necrófilo, canibal e coletor de partes do corpo e do esqueleto de suas vítimas. Ele era freqüentemente chamado de "o canibal de Milwaukee". Dezessete homens e rapazes que ele achou atraentes morreram em sua busca de controle completo sobre seus corpos: em parte por assassinato direto, em parte por injeção de ácido clorídrico ou água fervente no cérebro, uma espécie de forma primitiva de lobotomia, com a intenção de transformá-los em escravos sexuais involuntários, o que levou involuntariamente à morte após alguns dias.

O caso Dahmer é notável não apenas por suas ações, mas também pela negligência da polícia.

A juventude de Jeffrey Dahmer

Jeffrey Dahmer nasceu em 31 de maio de 1960, filho do químico PhD Lionel Herbert Dahmer e Joyce Annette Dahmer-Flint. Ele cresceu em Bath, Condado de Summit, Ohio.

Em 18 de dezembro de 1966, Jeffrey tinha um irmãozinho cujo nome ele podia escolher. Ele escolheu o nome David.

Em 1970, durante um jantar familiar de frango, ele perguntou a seu pai o que aconteceria se alguém branqueasse os ossos do frango. Seu pai tomou esta pergunta como um sinal de interesse pela química e explicou a Jeffrey como dissolver quimicamente os produtos. Este método seria usado mais tarde por Dahmer para suas vítimas.

Jeffrey era uma criança feliz no início, mas a partir dos seis anos de idade ele se tornou cada vez mais solitário. Ele se tornou cada vez mais fascinado por ossos de animais e animais mortos. Ele começou a procurar animais atropelados a fim de dissecá-los, para o que sua explicação para seus colegas de classe foi que ele achava "fascinante" saber como esses animais eram colocados juntos. Seus pais lhe deram pouca atenção, pois sua mãe estava deprimida e seu pai estava muito ocupado trabalhando.

Quando seu pai chegou em casa à noite, sua mãe precisava de toda a atenção. Jeffrey tinha poucos amigos, incluindo o cartunista Derf Backderf, com quem ele perdeu o contato por volta dos 15 anos de idade. Durante seus anos de colegial, ele começou a beber. Ele deixou o colegial como alcoólatra. Por volta dessa época, em 1977, seus pais se divorciaram.

Backderf publicou mais tarde, com base em suas próprias experiências, a história da infância de Dahmer até seu primeiro assassinato, na forma da história em quadrinhos My Friend Dahmer, com outra seção de texto explicativo no verso. Este livro é usado para um filme.

Seu primeiro assassinato

Em junho de 1978, algumas semanas após terminar o ensino médio, ele cometeu seu primeiro assassinato. Devido ao divórcio de seus pais, ele estava morando temporariamente sozinho na casa de seus pais. Seu pai vivia em um motel próximo e sua mãe havia se mudado para Wisconsin com seu irmão mais novo pouco antes.

Em 18 de junho de 1978, ele deu carona a Steven Mark Hicks e viu uma oportunidade de atraí-lo até sua casa, onde ele lhe ofereceu álcool. Quando Hicks quis sair, Dahmer não achou conveniente e o matou com um haltere de metal de 4,5 kg, primeiro espancando-o com ele e depois estrangulando-o com ele. Ele desmembrou o corpo, escondeu-o temporariamente no espaço de rastejamento, e depois o enterrou no quintal. Mais tarde, ele desenterrou os restos. Ele dissolveu a carne em ácido cáustico e a jogou pela sanita abaixo. Ele esmagou os ossos com um martelo antes de espalhá-los no bosque atrás da casa.

Até 1991, continuava desconhecido o que havia acontecido com os Hicks desaparecidos. Então foi revelado que Dahmer o matara e mais tarde cometeu outros 16 assassinatos.

Universidade, exército e fábrica de chocolate

Jeffrey não mostrou nenhuma motivação para construir uma carreira e só foi estudar na Universidade Estadual de Ohio porque seu pai e sua nova esposa Shari insistiram nisso. Após o primeiro período, durante o qual ele quase nunca estava sóbrio, ele desistiu dos estudos. Seu pai então lhe apresentou a escolha de conseguir um emprego ou entrar para o exército. Quando o próprio Jeffrey não fez uma escolha e continuou bebendo, seu pai finalmente o levou ele mesmo ao escritório de recrutamento do exército. No exército tudo parecia funcionar afinal, mas em 1981 ele foi honrosamente dispensado por causa de seu problema com o álcool e o comportamento resultante. Depois de passar algum tempo em Miami, ele voltou para seu pai e sua madrasta em Ohio. Em 1982, ele se mudou com sua avó em sua cidade natal de West Allis. Ele acabou encontrando um emprego em uma fábrica de chocolate aqui também.

Comportamento estranho, mais três assassinatos, e toques com o sistema de justiça para delitos mais leves

Durante seis anos, Jeffrey viveu com sua avó, e demonstrou um comportamento cada vez mais estranho. Ele coletava animais mortos e os dissolvia no porão com produtos químicos. Isto causou o incômodo do odor necessário. Ele também roubou um manequim macho de uma loja de roupas e sua avó encontrou um Magnum .357 debaixo de sua cama. Ele foi para saunas gays, onde colocou comprimidos para dormir nas bebidas de seus parceiros sexuais para abusar de seus corpos sem ser perturbado. Isto parou quando um deles acabou no hospital por uma semana por causa da droga para dormir, e Jeffrey foi posteriormente negado o acesso à sauna.

Além disso, Jeffrey entrou em contato com o sistema de justiça várias vezes. Tendo já sido preso em 1981 por embriaguez pública, ele foi preso em 1982 e 1986 por comportamento lascivo, a segunda vez por se masturbar na presença de dois menores de idade. Esta segunda prisão lhe valeu uma pena de prisão suspensa. Todo este incômodo fez com que sua avó não o quisesse mais em casa e lhe pedisse para sair.

Em 15 de setembro de 1987, nove anos após seu primeiro assassinato, Jeffrey foi para um hotel com Steven Tuomi de 26 anos como seu parceiro sexual e lhe administrou uma droga para dormir. Na manhã seguinte, ele viu que Tuomi estava morto. Jeffrey não se lembrava do que havia acontecido, mas concluiu que ele deve ter espancado Tuomi até a morte. Em 1º de janeiro de 1988, ele matou James "Jamie" Doxtator, um menino nativo americano de 14 anos, e em 24 de março do mesmo ano, o mexicano Richard Guerrero.

Em 26 de setembro de 1988, um dia antes de se mudar para uma nova casa, Jeffrey foi preso por drogar e abusar de um menino de 13 anos de etnia laociana chamado Somsack Sinthasomphone. Isto lhe valeu uma sentença de seis anos de prisão, cinco dos quais foram suspensos. Além disso, ele foi registrado como um agressor sexual. Ele cumpriu sua pena de prisão sob um regime de "liberdade do trabalho", o que exigiu que ele passasse apenas seu tempo livre na prisão e permitiu que ele mantivesse seu emprego fora da prisão. Após sua libertação antecipada, dez meses depois, ele ainda se mudou para sua nova casa.

Lionel Dahmer ajudou seu filho após cada prisão e pagou a seu advogado.

Mais treze assassinatos

Com os assassinatos de Tuomi, Doxtator e Guerrero, Dahmer desenvolveu seu modus operandi. Ele andava por bares e casas de banho gays, procurando por uma vítima. Quando ele encontrou alguém, ele tentou atraí-lo sob o disfarce de sexo por prazer mútuo, ou ofereceu dinheiro para sexo ou para tirar fotos nuas ou homoeróticas. Ele então drogou sua vítima, oferecendo-lhe uma bebida contendo comprimidos para dormir pulverizados. Quando a vítima estava finalmente indefesa, ele foi estrangulado. Depois disso, Dahmer freqüentemente fazia sexo oral ou anal com o cadáver, após o que ele o dissecava. Ele também às vezes se masturbava perto dos corpos. No processo, ele comia freqüentemente partes de sua vítima, como os bíceps. O crânio era preservado, assim como o pênis, que era colocado em água forte. O resto era dissolvido em ácido e lavado, ou enterrado. Das partes conservadas, Dahmer fez um santuário.

Com vítimas posteriores, depois de drogá-las, Dahmer aplicou uma espécie de forma primitiva de lobotomia perfurando um buraco no crânio e assim injetando ácido clorídrico ou água fervente no cérebro. Desta forma, ele esperava criar escravos sexuais sem vontade ("vivos, interativos, mas nos meus termos"). Por conta do próprio Dahmer, isto foi bem sucedido no início, mas eles ainda morreram após alguns dias.

Com o passar do tempo, os intervalos entre os assassinatos diminuíram. Entre o primeiro assassinato em 1978 e o segundo em 1987, foram nove anos. No ano seguinte, 1988, ele cometeu dois homicídios. Em 1989 ele cometeu "apenas" um, mas em 1990 Dahmer matou quatro. Em 1991, o ano da prisão de Dahmer, ele cometeu oito assassinatos, sendo que o último ocorreu semanalmente. Isto parou quando outro assassinato falhou, e a vítima deu o alarme, veja abaixo.

Konerak Sinthasomphone

A décima terceira vítima de assassinato de Dahmer, e uma de suas mais trágicas, era Konerak Sinthasomphone, de 14 anos, especialmente porque a polícia não respondeu adequadamente a este incidente. Coincidentemente, este era também o irmão mais novo de Somsack Sinthasomphone, que havia sido abusado por Dahmer em 1988 e pelo qual Dahmer havia sido condenado e registrado como agressor sexual. Além disso, alguns acreditam que a negligência da polícia foi motivada pelo racismo e pela homofobia.

No início da manhã de 27 de maio de 1991, duas mulheres mais jovens encontraram o Sinthasomphone. Ele estava nu, drogado e ensanguentado, sangrando de seu ânus. Dahmer logo apareceu no local e tentou levar o rapaz de volta para sua casa. As mulheres recusaram e chamaram a polícia e uma ambulância.

A polícia acreditava no lado de Dahmer da história, que era que o menino era seu amigo de 18 anos com quem ele tinha bebido, depois do que eles tinham entrado em uma discussão. Dahmer parecia calmo e racional, enquanto as mulheres pareciam ansiosas, o rapaz realmente parecia bêbado e os policiais perderam o interesse rapidamente.

A polícia levou o menino para a casa de Dahmer, onde o deixaram, apesar do fedor que pairava na casa (o cheiro mais tarde se revelou ser do corpo em decomposição da vítima anterior de Dahmer, Tony Hughes). A polícia não verificou a idade do Sinthasomphone, nem notou o registro de Dahmer como um infrator sexual.

O sinthasomphone estava muito drogado e sedado para explicar que Dahmer tinha querido matá-lo e que ele estava correndo por sua vida. Após a saída da polícia, Dahmer estrangulou o Sinthasomphone, sodomizou e dissecou seu corpo. Seu crânio também foi preservado.

A polícia não tomou nenhuma outra medida. Quando a mãe de uma das mulheres, Glenda Cleveland, ligou para perguntar o que havia acontecido com "aquele menino asiático", foi-lhe dito que ele era um adulto. Quando ela insistiu, o policial de plantão respondeu que ele tinha voltado para casa com sua amiga e que também não podia ajudar no que era a preferência sexual de ninguém.

Depois, quando Cleveland fez uma conexão entre o incidente e o Sinthasomphone desaparecido e chamou a polícia novamente, ninguém pegou e ninguém foi enviado a ela. O FBI também não respondeu à chamada de Cleveland.

Dois dos três oficiais em serviço, John Balcerzak e Joseph Gabrish, foram posteriormente dispensados por negligência e seus comentários homofóbicos no carro da polícia.

Por exemplo, eles haviam feito comentários sobre a "reunião dos amantes" e haviam acreditado que agora deveriam ser "descongelados" por terem tocado o menino. Entretanto, os oficiais desafiaram com sucesso sua demissão e puderam continuar suas carreiras na força policial.

Sua prisão após a fuga de uma vítima potencial

No primeiro semestre de 1991, a freqüência dos assassinatos aumentou para uma freqüência semanal. Os moradores reclamaram do fedor que pairava no complexo de apartamentos e da poluição sonora. No entanto, estas questões não mataram Dahmer.

Em 22 de julho de 1991, Dahmer atraiu Tracy Edwards ao seu apartamento. Edwards se recusou a ser algemado, o que o forçou a entrar no quarto de dormir à mão armada.

Fotos de corpos mortos e mutilados das vítimas de Dahmer e o fedor levaram Edwards a acreditar que ele seria a próxima vítima e que ele teria que lutar por sua vida.

Edwards deu um soco no rosto de Dahmer e deu-lhe um pontapé no estômago - e escapou. Na rua, ele parou um carro da polícia.

Os oficiais voltaram com Edwards para o apartamento onde Dahmer calmamente e gentilmente se dirigiu a eles. Desta vez, no entanto, os oficiais não os deixaram escapar.

Eles encontraram as fotos e a faca e encontraram uma cabeça no refrigerador. Dahmer resistiu e ameaçou os oficiais, mas foi preso.

Em seguida, a polícia encontrou mais três cabeças e um coração humano na geladeira, fotos de corpos mutilados das vítimas (eróticas ou não), vários crânios humanos (muitas vezes pintados de cinza para dar a impressão de que o crânio não era real), um suprimento de clorofórmio para atordoar as vítimas, e mãos e pênis cortados em água forte.

Dahmer foi mantido sob custódia sob fiança de US$ 1 milhão.

O julgamento de Jeffrey Dahmer, sua prisão e morte

O julgamento criminal de Dahmer começou em 30 de janeiro de 1992. Ele foi julgado em 17 acusações de tentativa de assassinato, que acabou sendo reduzido para 15. Ele não foi acusado da tentativa de assassinato de Edwards, pois o sistema judicial já tinha o suficiente para condenar Dahmer a várias penas de prisão perpétua.

Dahmer tentou se defender alegando insanidade, mas isto foi rejeitado. Após a condenação de Dahmer a um total de 957 anos de prisão, ele foi extraditado para Ohio em maio de 1992, onde confessou o assassinato de Steven Hicks. Depois disso, Dahmer mostrou remorso.

A polícia alemã investigou se havia uma ligação entre Dahmer e uma série de assassinatos não resolvidos durante seu tempo no serviço, durante o qual ele esteve estacionado na Alemanha Ocidental.

Até agora, não foi encontrada nenhuma ligação desse tipo. A polícia da Flórida investigou se Dahmer pode ter estado envolvido no assassinato de Adam Walsh em 1981, enquanto estava em Miami. O caso foi finalmente encerrado em 2008, com a polícia da Flórida concluindo que Ottis Toole era o perpetrador mais provável.

Dahmer tornou-se um cristão nascido de novo na prisão após ler o material evangélico enviado por seu pai. Ele foi batizado por Roy Ratcliff.

Em julho de 1994, Dahmer foi atacado com uma canela por um colega preso na capela da prisão, sofrendo ferimentos superficiais. Finalmente, no final de 1994, Dahmer foi morto junto com outro preso, Jesse Anderson, pelo companheiro de prisão Christopher Scarver.

A pedido de sua mãe, seu cérebro foi preservado para pesquisas posteriores. Seu pai levou sua mãe à corte para cumprir o desejo de Jeffrey Dahmer de ser cremado. Em 1995, seis meses após a morte de Jeffrey Dahmer, o pai foi vindicado e o cérebro destruído.

5. Albert Fish

Anos de atividade: 1924-1932
País: Estados Unidos
Assassinatos cometidos: 3 confirmados, mais de 100 estimados
Punição: Pena de morte por eletrocussão

Hamilton Howard "Albert" Fish nascido em 19 de maio de 1870 e morto em 16 de janeiro de 1936 foi um assassino em série americano. Ele também era conhecido como o Homem Cinzento, o Lobisomem de Wysteria, o Vampiro do Brooklyn, o Maníaco da Lua e o Homem do Papão.

O Fish era um molestador de crianças e canibal e ele uma vez se gabou de ter "tido um filho em todos os estados" e de ter tido cerca de 100 filhos. Entretanto, não se sabe se ele estava se referindo às violações ou ao canibalismo por isso, nem se sabe se esta era a verdade.

Ele também foi suspeito de pelo menos cinco assassinatos durante sua vida. O Fish confessou três assassinatos e também confessou ter esfaqueado duas outras pessoas. Ele teve que comparecer ao tribunal em conexão com o seqüestro e assassinato de Grace Budd e foi considerado culpado e executado por uma cadeira elétrica.

A juventude de Albert Fish

Nascido em Washington D.C. em 19 de maio de 1870, como Hamilton Fish, Fish era filho de Randall (1795 - 16 de outubro de 1875) e Ellen (1838-c. 1903) Fish. Seu pai era americano, de origem inglesa; sua mãe era escocesa e irlandesa. Seu pai era 43 anos mais velho que sua mãe e tinha 75 quando Albert nasceu. Ele era seu filho mais novo e tinha dois irmãos e uma irmã: Walter, Annie e Edwin.

Ele queria ser chamado de "Albert", depois de um irmão anteriormente falecido, e porque queria se livrar de seu apelido "Presunto & Ovos", que havia adquirido em um orfanato.

A família dos Fishs tinha um histórico de doenças mentais. Seu tio sofria de mania. Um de seus irmãos havia sido internado em um hospital psiquiátrico. Sua irmã também tinha sido diagnosticada com uma "doença mental". Mais três membros da família tinham sido diagnosticados com doença mental e sua mãe tinha "alucinações auditivas e/ou visuais".

Em 1880, sua mãe tinha conseguido um emprego no governo e podia tirar Fishs do orfanato. Em 1882, quando ele tinha 12 anos, começou a sair com um entregador de telégrafos. Isto introduziu Fish a práticas como urolagnia (beber urina) e coprofagia (comer excrementos).

Os Fishs também começaram a ir regularmente aos banhos durante este tempo para ver os meninos trocando de roupa. Ao longo de sua vida, ele escreveu cartas obscenas para mulheres cujos nomes ele havia encontrado em anúncios classificados e agências matrimoniais.

1890-1918: Jovem adulta e passado criminoso

Por volta de 1890, Fish chegou em Nova York, onde se tornou um prostituto e começou a estuprar jovens garotos. Em 1898, ele foi casado por sua mãe com uma mulher nove anos mais jovem do que ele. Juntos eles tiveram seis filhos: Albert, Anna, Gertrude, Eugene, John e Henry Fish.

Em 1898 ele estava trabalhando como pintor doméstico. Depois de visitar um museu de cera onde ele tinha visto um pênis cortado, ele ficou obcecado com a mutilação sexual. Em 1903, ele foi preso por roubo e condenado à prisão em Sing Sing.

Por volta de 1910, enquanto trabalhava em Wilmington, Delaware, Fish conheceu Thomas Kedden, de 19 anos. Ele levou Kedden para sua residência e começou uma relação sadomasoquista com ele; não está claro se Fish forçou Kedden a fazer isso, mas em sua declaração Fish insinuou que Kedden foi mentalmente desafiado.

Após dez dias, Fish levou Kedden para uma "antiga fazenda" onde ele começou a torturá-lo. Isto se prolongou por duas semanas. Fish finalmente amarrou Kedden e cortou metade de seu pênis. "Nunca vou esquecer seu grito, nem o olhar que ele me deu", disse Fish mais tarde em uma declaração. Embora ele tivesse pensado primeiro em matar Kedden, ele tinha medo que o tempo quente o fizesse sobressair.

Ao invés disso, ele derramou peróxido sobre a ferida e amarrou-a em um lenço, deixou 10 dólares para trás, deu um beijo de despedida à Kedden e foi embora. "Apanhei o primeiro trem para casa. Nunca descobri o que aconteceu com ele e não tentei", disse Fish.

Em janeiro de 1917, a esposa de Fish o deixou por outro. Depois disso, o Fish teve que criar seus filhos sozinho. Mais tarde, Fish disse que sua ex-mulher havia levado tudo o que ele possuía com ela. Ele começou a ter alucinações auditivas. A certa altura, ele se enrolou em um tapete porque supostamente foi instruído a fazê-lo pelo apóstolo João.

Por volta dessa época, os Fishs começaram a se auto-mutilar. Ele enfiou agulhas nas virilhas e na parte inferior do abdômen. Após sua prisão, o exame radiográfico mostrou que Fish tinha pelo menos 29 agulhas em sua região pélvica. Ele também bateu repetidamente em si mesmo com uma raquete perfurada e inseriu lã embebida em combustível mais leve em seu ânus e ateou fogo. Embora se acredite que ele nunca tenha agredido fisicamente seus filhos, ele os encorajou e seus amigos a bater em suas nádegas com a referida palheta. Ele logo desenvolveu uma obsessão pelo canibalismo, que se manifestava, por exemplo, em comer um jantar composto apenas de carne crua; às vezes ele servia isto também para seus filhos.

1919-1930: Escalada na loucura

Em 1919, ele esfaqueou um garoto deficiente mental em Georgetown, Washington D.C.. Fishs muitas vezes escolhiam vítimas mentalmente deficientes ou afro-americanos, em suas próprias palavras, porque ele achava que elas não seriam perdidas se as matasse. Fishs abusaram, mutilaram e assassinaram crianças pequenas com suas "ferramentas do inferno": um cutelo de carne, uma faca de açougueiro e uma pequena serra manual.

Em 11 de julho de 1924, Fish encontrou Beatrice Kiel, de 8 anos de idade, enquanto brincava lá fora na fazenda de seus pais em Staten Island. Ele ofereceu-lhe dinheiro se ela o ajudasse a procurar o ruibarbo. Ela quase queria ir com ele, mas sua mãe expulsou Fish. Fish foi embora, mas mais tarde voltou para tentar dormir lá. Ele foi encontrado pelo pai, que o forçou a partir. Em 1924, Fish, agora com 54 anos e sofrendo de psicose, pensou que Deus o estava mandando torturar e mutilar sexualmente as crianças.

Pouco antes de raptar Grace Budd, Fish experimentou suas "ferramentas do inferno" em Cyril Quinn, um menino que ele abusou sexualmente. Quinn e seu namorado estavam brincando lá fora quando Fish chegou e perguntou se já haviam almoçado. Ele então os convidou para ir a sua casa comer um sanduíche. Enquanto os meninos lutavam na cama de Fish, o colchão se deslocou; embaixo estava uma faca, uma serra pequena e um cutelo de carne. Eles ficaram tão assustados com a visão que fugiram do apartamento.

Bigamy

Os Fishs se casaram novamente em 6 de fevereiro de 1930, em Waterloo, NY, com Estella Wilcox, mas eles se divorciaram apenas uma semana depois. Fish foi preso em maio de 1930 por "enviar uma carta obscena a uma mulher que tinha respondido a um anúncio para uma senhora da limpeza". Depois disso e de uma prisão posterior em 1931, Fish foi enviado ao Hospital Psiquiátrico de Bellevue para observação.

O assassinato de Grace Budd

Em 25 de maio de 1928, Fish viu um anúncio no jornal de domingo do Mundo de Nova Iorque que dizia: "Jovem, 18 anos, procura emprego no país. Edward Budd, 406 West 15th Street". Em 28 de maio de 1928, Fish, então com 58 anos de idade, foi visitar a família Budd em Manhattan. Ele disse que contrataria Edward, mas mais tarde admitiu que pretendia amarrá-lo, mutilá-lo e deixá-lo a sangrar. Ele se apresentou como Frank Howard, um fazendeiro de Farmingdale, NY. Fish prometeu contratar Budd e seu amigo Willie e mandá-los buscar alguns dias mais tarde. Ele não apareceu, mas mandou uma mensagem pedindo desculpas à família Budd e dizendo que viria mais tarde. Quando ele voltou, Fish conheceu Grace Budd.

Naquele momento, ele decidiu escolher outra vítima e ir atrás de Grace. Ele inventou uma desculpa para ter que ir à festa de aniversário de uma sobrinha. Ele conseguiu convencer os pais de Grace a deixá-la ir com ele para a festa naquela noite. Grace partiu com Fish mais tarde naquele dia e nunca mais foi vista novamente.

A polícia prendeu Charles Edward Pope, supervisor de 66 anos, como suspeito no caso em 5 de setembro de 1930, depois que ele foi apontado por sua ex-esposa. Ele passou 108 dias sob custódia antes de sua audiência judicial em 22 de dezembro de 1930. Ele foi considerado inocente.

A carta anônima

Em novembro de 1934, os pais da menina desaparecida receberam uma carta anônima que acabou levando a polícia até Fish. A Sra. Budd não conseguiu ler e pediu a seu filho que lesse a carta em voz alta. A tradução da carta é a seguinte:

Minha amada Sra. BuddIn 1894, um amigo meu trabalhou como marinheiro no Tacoma, o Capitão John Davis. Eles estavam navegando de São Francisco para Hong Kong, na China. Quando chegaram lá, ele e outros dois foram a terra e tomaram uma bebida. Quando voltaram, o barco já tinha ido embora. Naquela época, havia uma fome na China.

Qualquer tipo de carne custava entre 1 e 3 dólares por quilo, de modo que os muito pobres sofriam tanto que todas as crianças menores de 12 anos eram vendidas aos açougueiros para cortá-las e transformá-las em alimentos para que as outras não passassem fome. Um menino ou menina com menos de 14 anos não estava seguro nas ruas. Você podia entrar em qualquer loja e pedir bife - costeletas - ou guisado. Eles trariam parte do corpo nu de um menino ou menina para você e somente aquele pedaço que você quisesse seria cortado. Os quartos traseiros de um menino ou menina sendo a parte mais doce do corpo e vendida como costeletas de vitela trouxeram o preço mais alto. John ficou lá por tanto tempo que desenvolveu um gosto por carne humana.

Quando ele voltou para Nova York, ele roubou dois meninos um 7 um 11. Levou-os para sua casa, despiu-os, amarrou-os em um armário e depois queimou tudo o que eles tinham vestido. Várias vezes por dia e todas as noites ele os espancava - torturava-os - para fazer sua carne boa e tenra.

Ele matou o menino de 11 anos primeiro, porque ele tinha o rabo mais grosso e, é claro, a maior quantidade de carne nele. Todas as partes de seu corpo foram cozidas e comidas, exceto a cabeça - ossos e intestinos. Ele era assado no forno, (seu rabo inteiro) cozido, cozido, assado, cozido, guisado. O garotinho o seguiu, seguiu o mesmo caminho. Naquela época eu vivia na rua 409 E 100, de volta - certo.

Ele me disse tantas vezes o quão boa era a carne humana que eu queria experimentar. No domingo, de 3 a 15 de junho de 1928, liguei para você no 406 W 15 St. Took queijo cottage - morangos para você. Almoçamos. A Grace sentou-se no meu colo e me beijou. Decidi comê-la, com a desculpa de que a estava levando para uma festa.

Você disse que sim, ela poderia ir. Eu a levei para uma casa vazia em Westchester que eu já havia escolhido. Quando chegamos lá, eu disse a ela para ficar do lado de fora. Ela colhia flores silvestres. Eu subi e tirei todas as minhas roupas. Eu sei que, se não o fizesse, eu colocaria o sangue dela nela. Quando tudo estava feito, fui até a janela e chamei por ela.

Depois me escondi em um armário até que ela entrou na sala. Quando ela me viu toda nua, começou a chorar e tentou correr lá embaixo. Eu a agarrei e ela disse que contaria para sua mãe.

Primeiro eu a despia, não importa o quanto ela chutasse, mordesse e arranhasse. Sufoquei-a até ela morrer e depois a cortei em pedacinhos para poder levar minha carne ao meu quarto, cozinhá-la e comê-la.

Que doce e terno, seu pequeno traseiro foi assado no forno. Levei 9 dias para comer seu corpo inteiro. Eu não a comi, mas poderia ter comido se quisesse. Ela era virgem quando morreu.

A polícia investigou a carta. A história sobre o "Capitão Davis" e a "fome" em Hong Kong não pôde ser verificada. Entretanto, a parte sobre o assassinato de Grace Budd provou ser verdadeira em termos da descrição do sequestro e dos eventos subsequentes, embora não tenha sido possível estabelecer com certeza que os Fishs tinham realmente comido partes do corpo de Grace.

A prisão de Albert Fish

A carta foi entregue em um envelope com um emblema hexagonal contendo as letras **"N.Y.P.C.B.A."**, que significava **"New York Private Chauffeur's Benevolent Association"**. **"**Um zelador da empresa disse à polícia que havia levado alguns dos artigos de papelaria, mas que os havia deixado em sua casa temporária na 200 East 52nd Street quando se mudou.

O proprietário confirmou que os Fishs tinham ficado na mesma casa alguns dias antes. William F. King foi o principal investigador no caso. Ele esperou na casa que Fish voltasse. Fish concordou em ir com ele até a estação para ser interrogado.

Os Fishs não negaram o assassinato de Grace Budd e disseram que ele tinha ido à casa com a intenção de matar Edward Budd, irmão de Grace. Fish disse que "nunca lhe ocorreu" violar a garota, mas mais tarde disse a seu advogado que ele teve duas ejaculações involuntárias enquanto se agachou no peito de Grace para estrangulá-la.

Esta informação foi posteriormente utilizada no julgamento para afirmar que Fish havia seqüestrado a garota com a intenção de fazer sexo a fim de contornar a acusação de canibalismo.

Outros crimes descobertos após a prisão de Fishs

Francis McDonnell

Na noite de 14 de julho de 1924, Francis McDonnell, de 8 anos, de Staten Island, foi dado como desaparecido por seus pais. Durante uma busca, seu corpo foi encontrado pendurado em uma árvore perto de sua casa. Ele havia sido estuprado e depois estrangulado com seus suspensórios.

De acordo com a autópsia, McDonnell também tinha grandes lacerações em suas pernas e abdômen inferior e quase toda a carne de seu tendão esquerdo tinha sido rasgada. Os Fishs negaram ter qualquer coisa a ver com isso, mas mais tarde ele disse que queria castrar o menino, mas fugiu quando ouviu alguém se aproximando.

Os amigos de McDonnell disseram que ele havia sido levado por um velho com bigode cinzento. Um vizinho deu a mesma descrição. A mãe de Francis disse que tinha visto um homem assim caminhando mais cedo naquele dia.

A partir deste caso, Fish manteve o apelido de "Grey Man" porque ele tinha cabelo grisalho e bigode grisalho. O caso permaneceu sem solução até depois do assassinato de Grace Budd.

Billy Gaffney

Em 11 de fevereiro de 1927, Billy Beaton, de 3 anos, e seu irmão de 12 anos estavam tocando no apartamento de Billy Gaffney, de 4 anos. O garoto de 12 anos deixou o apartamento e os outros dois desapareceram.

Beaton foi mais tarde encontrado no telhado do apartamento. Quando perguntado o que havia acontecido com Gaffney, Beaton disse "o bicho-papão o levou". O corpo de Gaffney nunca foi recuperado.

O assassino em série Peter Kudzinowski foi suspeito no início, mas alguém reconheceu Fish de uma foto no jornal e disse que o havia visto perto do apartamento com um garotinho em 11 de fevereiro de 1927. O garotinho não tinha casaco e chorava por sua mãe. A descrição de Beaton do "bicho-papão" correspondia à de Fish.

Mais tarde foi determinado que Fish estava trabalhando como pintor não muito longe do apartamento onde Gaffney morava no dia do seqüestro. Fish escreveu o seguinte sobre isto em uma carta para seu advogado:

Eu o levei para os caixotes do lixo na Riker Ave. Há lá uma casa que fica sozinha, não muito longe de onde eu o levei ... Eu levei o menino G até lá.

Despi-o e amarrei suas mãos e pés e o amordacei com um pedaço de pano sujo que peguei do caixote do lixo. Depois queimei suas roupas.

Jogou seus sapatos no caixote do lixo. Depois voltei a pé e levei o bonde para a rua 59 St. às 2 da manhã e caminhei de lá para casa. No dia seguinte, por volta das 2 da tarde, peguei ferramentas, um bom chicote pesado. Feito em casa. Punho curto. Cortei uma de minhas correias em duas, cortei esta metade em seis tiras de cerca de 8 em 20 cm de comprimento. Eu chicoteei seu traseiro nu até o sangue sair correndo de suas pernas.

Eu cortei suas orelhas - nariz - cortei sua boca de orelha a orelha. Apunhalei seus olhos. Ele estava morto então. Eu enfiei a faca em sua barriga e mantive minha boca perto de seu corpo e bebi seu sangue. Peguei quatro sacos velhos de batata e juntei algumas pedras.

Depois o cortei em pedaços. Eu tinha uma bolsa comigo. Coloquei seu nariz, suas orelhas e alguns cortes de sua barriga na bolsa. Depois o cortei pelo meio do seu corpo. Logo abaixo de seu umbigo. Depois através de suas pernas, cerca de 2 polegadas. [5 cm] abaixo de sua retaguarda. Eu fiz isso na bolsa com muito papel. Cortei a cabeça - pés - braços - mãos e pernas abaixo do joelho. Coloquei isto em sacos pesados com pedras, amarrei as extremidades e joguei-o nas poças de água viscosa que você vê ao longo de todo o caminho até North Beach. A água tem de 90 a 120 cm de profundidade.

Eles afundaram imediatamente. Cheguei em casa com minha carne. Tinha a frente de seu corpo que eu mais gostava. Sua "macaquinha e as ervas daninhas" e um belo e grosso quarto traseiro para assar no forno e comer. Fiz um guisado de suas orelhas - nariz - pedaços de seu rosto e barriga. Coloquei cebola, cenoura, nabo, aipo, sal e pimenta sobre ele. Estava delicioso.

Então eu abri as nádegas, cortei seu "macaco e as ervas daninhas" e as lavei primeiro. Coloquei tiras de bacon em cada nádega e coloquei no forno. Depois peguei 4 cebolas e quando a carne tinha assado cerca de 1/4 hora, coloquei cerca de meio galão de água sobre ela para molho e coloquei as cebolas dentro. Bati em sua traseira com uma colher de madeira com muita freqüência.

Para tornar a carne agradável e suculenta. Em cerca de 2 horas, ela estava boa e marrom, cozida. Nunca comi peru que soubesse tão bem quanto sua gorda e doce ponta traseira. Eu comi cada pedaço da carne em cerca de 4 dias. Seu pequeno "macaquinho" era doce como uma noz, mas seu "chichi-wees" não conseguia mastigar. Atirei-os pela sanita abaixo.

Elizabeth Gaffney, a mãe de Billy, fez uma visita a Fish in Sing Sing. Fish não quis falar com ela. Depois de duas horas, ela desistiu. Ela não estava convencida de que Fish havia matado seu filho.

Julgamento e execução do Albert Fish

O julgamento de Fishs pelo assassinato de Grace Budd começou em 11 de março de 1935 em White Plains, NY. O caso durou 10 dias. Fish queria ser declarado louco e alegou ter ouvido vozes que lhe diziam para matar as crianças. Vários psiquiatras testemunharam pelos fetiches sexuais de Fishs, incluindo sadismo, masoquismo, cunnilingus, anilingus, fellatio, flagelação, exibicionismo, voyeurismo, piquerismo, canibalismo, coprofagia, urolagnia, pedofilia e infibulação.

Seu advogado declarou que Fish era um "fenômeno psiquiátrico" e que nunca tinha havido ninguém com tantos desvios sexuais.

Durante o julgamento, a defesa chamou uma testemunha que explicou a obsessão de Fish pela religião, e especificamente a história de Abraão e Isaac (Gênesis 22:1-24). Fish acreditava que, como na história, ele deveria "sacrificar" um menino como expiação por suas próprias ações e que os anjos iriam impedi-lo se Deus não aprovasse. Embora ele soubesse que Graça era uma menina, suspeita-se que Fish a via como um menino. O canibalismo de Fish também foi explicado, como uma forma de comunhão.

Testemunhas da acusação declararam que o Fish era desviante, mas saudável. Elas também disseram que coprofilia, urolagnia e pedofilia não eram sinais de uma "doença mental" e que tais perversões eram mais comuns e que o Fish não era "diferente de milhões de outros".

Outra testemunha foi Mary Nicholas, enteada de 17 anos de idade de Fish. Ela descreveu como Fish havia ensinado a ela e a seus irmãos vários jogos masoquistas, que também incluíam algum tipo de overtone de estupro infantil.

Todos os jurados concordaram que Fish era insano, mas acharam que ele ainda deveria ser executado. Ele foi, portanto, considerado culpado e culpado e o juiz impôs a pena de morte.

O Fish entrou na prisão em março de 1935 e foi executado na cadeira elétrica em Sing Sing em 16 de janeiro de 1936.

Ele entrou na sala às 23h06 e foi pronunciado morto três minutos depois. Suas últimas palavras foram: **"Eu nem sei porque estou aqui".**

6. John Wayne Gacy

Anos de atividade: 1972-1978
País: Estados Unidos
Assassinatos cometidos: 33 confirmados
Punição: Pena de morte por injeção letal

John Wayne Gacy Jr. nascido em Chicago Illinois, em 17 de março de 1942 e morto em Joliet, Illinois, em 10 de maio de 1994, era um serial killer americano. Foi condenado e posteriormente executado pelo estupro e assassinato de 33 meninos e homens, 29 dos quais ele havia enterrado em seu espaço rastejante entre 1972 e 1978. Gacy era infame sob os nomes de Palhaço Assassino ou Palhaço Pogo, por se vestir de palhaço para entreter crianças em festas.

A juventude de John Wayne Gacy

Gacy nasceu no meio de três filhos (ele tinha uma irmã mais velha e uma mais nova). Seu pai, John Wayne Gacy Senior, era um alcoólatra e abusava do jovem John Wayne que, aos seus olhos, era apenas um fraco porque, entre outras coisas, ele não gostava de pescar e caçar. Gacy (e suas irmãs) freqüentava escolas católicas e também foi criado católico. Quando criança, Gacy ficou fascinado com a polícia e mais tarde quis se tornar um policial. Aos onze anos de idade, John Wayne foi atingido na nuca por um baloiço. Ele então continuou a sofrer de "apagões" até que, aos dezessete anos de idade, foi determinado que o acidente tinha causado um coágulo de sangue, que foi remediado com medicamentos.

O meio dos anos

Gacy mudou-se para Las Vegas e encontrou a lei lá pela primeira vez quando ele e outros foram presos por uma série de assaltos a empresas.

Após sua breve estadia em Las Vegas, Gacy começou a trabalhar como vendedor de sapatos em Springfield, onde se tornou um membro proeminente dos Jaycees. Em 1964, Gacy se casou e se mudou para Waterloo, Iowa, onde assumiu o comando de um restaurante Kentucky Fried Chicken que pertencia a seus sogros. Ele teve dois filhos.

Os primeiros sinais

Em 1968, Gacy estava voltando para casa quando encontrou Donald Voorhees, de quinze anos de idade, na rua. Ele conheceu Voorhees através de seu pai, que também era um membro dos Jaycees.

Ele convidou o menino para sua casa, onde sua esposa ainda estava no hospital após dar à luz seu segundo filho. Uma vez em casa, ele embebedou o menino, começou a conversar com ele sobre sexo e sugeriu que ele assistisse a um filme pornô.

Isto acabou levando ao sexo oral. Após o evento, Gacy tentou subornar e ameaçar Voorhees, dizendo, entre outras coisas, que tinha conexões com a máfia. Entretanto, o garoto contou tudo à polícia e Gacy foi preso por sodomia. Durante o julgamento, apareceram mais rapazes que afirmaram ter sido abusados por Gacy. Ele acabou sendo condenado a dez anos de prisão, dos quais cumpriu apenas dezesseis meses devido ao seu bom comportamento.

Após sua condenação, sua esposa o deixou e levou os dois filhos com ela. Gacy nunca mais os veria. Além disso, o pai de Gacy morreu enquanto ele estava encarcerado. Gacy, que amava profundamente seu pai apesar de tudo, estava convencido de que ele havia morrido por causa da vergonha de ter seu filho.

Sua carreira como palhaço Pogo, o Palhaço

Após sua libertação, Gacy voltou para Chicago e foi morar com sua mãe. Pouco depois, Gacy casou-se novamente e sua esposa e suas duas filhas se mudaram com ele, forçando sua mãe a se mudar. Ele se tornou ativo pelo Partido Democrata e até conheceu a primeira-dama Rosalynn Carter. Gacy também gostava de se vestir como o palhaço "Pogo" e depois se apresentar em festas infantis e hospitais. A carreira social de Gacy floresceu e ele começou uma empresa de sucesso de contratação.

Em seguida, a ligação entre as apresentações dos palhaços e os assassinatos seria feita, em parte, pela personagem Pennywise, o Palhaço do livro "It" de Stephen King. Na realidade, as apresentações e os assassinatos não estavam relacionados e Gacy não cometeu um assassinato com um fato de palhaço nem usou seu pseudônimo de Pogo de nenhuma maneira para facilitar os assassinatos.

O início do fim

Enquanto isso, Gacy entrou novamente em contato com a polícia porque um garoto havia denunciado abuso sexual. Como o garoto não acompanhou a denúncia, Gacy saiu impune. O casamento também estava lentamente chegando ao fim. Sexualmente não era muito, mas se tornou insuportável para sua esposa quando ela encontrou pornografia homoerótica e Gacy declarou que ele era bissexual e não estava mais disposto a dormir com sua esposa.

Quando seu segundo casamento terminou em 1976, Gacy começou a procurar mais livremente os meninos. Por exemplo, ele tentou seduzir um garoto que trabalhava para ele. Quando isso falhou na primeira vez, ele tentou enganá-lo na segunda vez com um truque de magia. Estes truques se tornariam sua marca registrada. Gacy mandou algemar o garoto e depois lhe disse que o truque era tirá-los sem chave. Entretanto, o garoto, não confiante, conseguiu tirar as algemas e escapar. Gacy não deixou que isso acontecesse novamente.

O desaparecimento de Robert Piest

Em dezembro de 1978, Robert Piest, de quinze anos de idade, desapareceu. Ele foi visto pela última vez na farmácia onde trabalhava. Quando saiu, ele lhes disse que ia falar com um empreiteiro sobre um trabalho.

Isso levou a polícia até Gacy, que foi convidada para ser interrogada. Depois de cancelar algumas vezes, Gacy finalmente apareceu e deu um desmentido, alegando apenas oferecer trabalho ao garoto.

Após a busca, o detetive Joseph Kozenczak não encontrou nenhum vestígio do Piest, mas encontrou pertences pessoais de garotos desaparecidos e um recibo de foto da farmácia onde o Piest tinha trabalhado. Suspeitava-se que Gacy deveria saber mais sobre esses desaparecimentos, mas não havia provas concretas.

Foi decidido colocar o homem sob observação 24 horas por dia. Isto causou tensões de Gacy, mas também confrontos bizarros. Por exemplo, Gacy convidou a equipe de observação para jantar em sua casa.

Durante aquele jantar, os agentes sentiram um estranho odor pungente na casa, que um deles reconheceu mais tarde como o cheiro que paira em um necrotério. Gacy também contou orgulhosamente de suas apresentações como 'Pogo' e acrescentou: "Você sabe que um palhaço pode se safar de um assassinato".

Escondido no crawlspace debaixo da casa de Gacy

Em 22 de dezembro de 1978, Gacy passou por alguns amigos para dizer adeus. A equipe de observação temia que fosse um sinal de que Gacy havia sucumbido à pressão e queria cometer suicídio. Um de seus amigos, ele também deu um saco de haxixe. Depois ele dirigiu até o escritório de seu advogado, onde passou a noite toda.

No processo, ele confessou ter cometido 33 assassinatos, o primeiro dos quais já em janeiro de 1972. Ao mesmo tempo, a polícia conseguiu prender Gacy por posse de haxixe e foi emitido um mandado de busca.

Durante a busca, os restos humanos foram logo encontrados no espaço rastejante da casa de Gacy e, confrontado com isso, Gacy fez uma declaração confessional. A polícia, que também ainda estava procurando por Piest, foi informada de que ele havia jogado o corpo de Piest no rio.

A razão pela qual Gacy havia reagendado sua nomeação para fazer uma declaração era que ele precisava de tempo para se desfazer do cadáver.

As vítimas

Gacy parecia ter atraído meninos e homens para sua casa durante anos. A maioria de suas vítimas eram prostitutas masculinas; outras Gacy havia contratado ao longo do tempo em sua empresa contratante. Nenhum dos homens desaparecidos se destacava muito porque os meninos tinham muitas vezes fugido de casa ou levado uma existência errante. O próprio Gacy via suas vítimas como escumalha e sentia que havia prestado um serviço ao mundo. Isto se deu em parte porque ele desprezava os homossexuais (e, portanto, a si mesmo), enquanto alguns rapazes aceitaram voluntariamente (possivelmente em troca de pagamento) seus avanços sexuais. Gacy minimizou suas ações dizendo que só poderia realmente ser condenado por dirigir uma agência funerária sem licença.

Gacy às vezes usava clorofórmio se uma vítima não estava disposta desde o início, outras vezes ele usava o "truque da algema" acima mencionado. Seu método favorito de assassinato era o "truque da corda", no qual ele colocava um laço ao redor do pescoço da vítima e depois apertava o nó várias vezes até que a vítima sufocasse. Muitas vezes Gacy sugeria que ele era um policial e vários crachás da polícia foram encontrados durante as buscas. Para intimidar ainda mais suas vítimas, ele às vezes dizia que tinha conexões com a máfia.

Oito dos corpos foram parcialmente identificados apenas mais tarde. Finalmente, em abril de 1979, o corpo de Robert Piest foi dragado do rio.

Os nomes das vítimas conhecidas (com idade e data de desaparecimento):

- Timothy McCoy (18) - 3 de janeiro de 1972
- John Butkovitch (17) - 21 de julho de 1975
- Darrell Sampson (18) - 6 de abril de 1976

- Randall Reffett (15) - 14 de maio de 1976
- Amostra Stapleton (14) - 14 de maio de 1976
- Michael Bonnin (17) - 3 de junho de 1976
- William Carroll (16) - 13 de junho de 1976
- James Haakenson (16) - 6 de agosto de 1976
- Rick Johnston (17) - 6 de agosto de 1976
- Kenneth Parker (16) 24 de outubro de 1976
- Michael Marino (14) 24 de outubro de 1976
- William Bundy (19) - 26 de outubro de 1976
- Gregory Godzik (17) - 12 de dezembro de 1976
- John Szyc (19) - 20 de janeiro de 1977
- Jon Prestidge (20) - 15 de março de 1977
- Matthew Bowman (19) - 5 de julho de 1977
- Robert Gilroy (18) - 15 de setembro de 1977
- John Mowery (19), 25 de setembro de 1977
- Russell Nelson (21), 17 de outubro de 1977
- Robert Winch (16), 10 de novembro de 1977
- Tommy Boling (20), 18 de novembro de 1977
- David Talsma (19), 9 de dezembro de 1977
- William Kindred (19), 16 de fevereiro de 1978
- Timothy O'Rourke (20), junho de 1978
- Frank Landingin (19), 4 de novembro de 1978
- James Mazzara (21), 24 de novembro de 1978
- Robert Piest (15), 11 de dezembro de 1978

O julgamento e a execução de Gacy, o "Palhaço Assassino".

Em 6 de fevereiro de 1980, teve início em Chicago o julgamento do "Palhaço Assassino". Gacy declarou que não era culpado dos assassinatos, ele se considerou louco e seu advogado especificou isto acrescentando que isto era verdade nos momentos em que os assassinatos foram cometidos. Uma bateria de testemunhas foi chamada para apoiar a alegação, incluindo a mãe e a irmã de Gacy. Em vão, porém, e Gacy foi condenado à morte.

Durante os catorze anos que Gacy teve que esperar por sua execução, ele começou a pintar (principalmente palhaços e Branca de Neve e os Sete

Anões) e escreveu um livro, "Uma Questão de Dúvida", no qual ele afirmou que era inocente e vítima de uma conspiração contra ele.

Em 10 de maio de 1994, Gacy foi executada por injeção letal na prisão de Joliet, na cidade de Joliet. Como última refeição, ele escolheu frango frito, camarão frito, batatas fritas e morangos. A execução havia atraído uma multidão de pessoas, que se manifestaram do lado de fora das instalações e aplaudiram quando Gacy foi declarado morto. Também foram vendidos todos os tipos de mercadorias de Gacy, como camisetas.

A execução de Gacy não foi totalmente impecável; os produtos químicos utilizados para a injeção letal se misturaram tanto que se amalgamaram e levou 27 minutos para que Gacy morresse de fato. Isto levou o Estado de Illinois a adotar um método diferente de injeção letal.

As últimas palavras de Gacy implicaram que matá-lo não reanimaria nenhuma das vítimas e suas últimas palavras foram "Você pode beijar minha bunda", disse ao guarda que o escoltou até a sala de execução.

O perfil psicológico

Alguns apontaram suas ações como resultado de seu pobre relacionamento com seu pai alcoólatra, suas dores de cabeça e os apagões ocorridos em sua juventude. Há também especulações de que destacar rapazes e homens jovens, que Gacy chamou de "bichas e punks sem valor", como vítimas, eram expressões do ódio subconsciente de Gacy por sua própria homossexualidade.

Gacy alegou odiar gays e homens que se comportavam assim, e disse à polícia que era bissexual: "Ainda tenho um pouco de orgulho!

Após sua execução, o cérebro de Gacy foi removido e examinado pela Dra. Helen Morrison, que entrevistou Gacy e outros assassinos em série com o objetivo de destilar uma personalidade comum de assassinos em série.

Um exame feito pelo psiquiatra forense contratado por seus advogados não revelou sintomas cerebrais anormais. Morrison argumentou que Gacy não se enquadrava no perfil psicológico identificado em outros assassinos em série, e seus motivos não podiam ser explicados psicologicamente.

Entretanto, a Dra. Morrison ficou desacreditada quando se descobriu que muitas de suas descobertas eram baseadas em imprecisões e ela não podia estar à altura de sua afirmação de ter entrevistado mais de 80 assassinos.

7. Donald Henry Gaskins

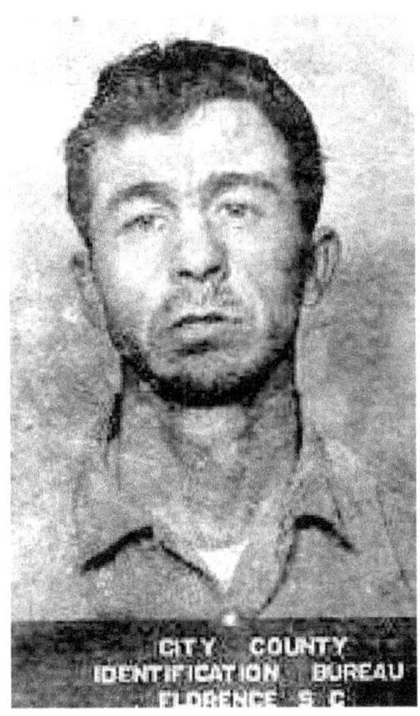

Anos de atividade: 1953-1982
País: Estados Unidos
Assassinatos cometidos: 9 confirmados, 110 estimados
Punição: Pena de morte por eletrocussão

Donald Henry "Pee Wee" Gaskins, Jr. nascido no Condado de Florence, em 13 de março de 1933 e falecido em Columbia, em 6 de setembro de 1991, era um assassino em série americano.

Os antecedentes de Donald Henry Gaskins

Gaskins nasceu em Florence County, Carolina do Sul, e passou grande parte de sua infância em um reformatório.

Como adulto, sua pequena construção (5'5", daí seu apelido) faria dele um bom alvo para o abuso físico e sexual na prisão.

Quando criança, Gaskins era um menino de escola pobre e um criminoso, culpado de cometer uma série de pequenos furtos. Durante um assalto, ele bateu na cabeça de uma mulher com um machado e deixou-a gravemente ferida, mas ela sobreviveu. Gaskins casou-se pela primeira vez em 1951, aos 18 anos de idade, e tornou-se pai de uma filha menos de um ano depois. Após sua libertação da escola disciplinar, Gaskins começou a cometer fraude de seguro.

Ele foi preso e acusado de tentativa de assassinato após atacar uma adolescente com um martelo. A garota supostamente insultou Gaskins. Gaskins foi condenado a seis anos de prisão no Instituto Judiciário Central. Durante este encarceramento, sua esposa se divorciou dele.

Seu primeiro assassinato

Gaskins cometeu seu primeiro assassinato enquanto cumpria sua pena de prisão em 1953, quando cortou a garganta de um colega chamado Hazel Brazell com uma lâmina de barbear. Gaskins alegou que tinha feito isso para ganhar dinheiro e uma reputação formidável entre seus companheiros de prisão. Foi decidido que Gaskins teria agido em autodefesa e ele foi condenado a mais três anos de prisão.

Gaskins escapou da prisão em 1955 escondido no carregador de trás de um caminhão de lixo e fugiu para a Flórida, onde foi contratado em um carnaval itinerante. Em agosto de 1961, ele foi preso novamente, retornou à prisão e saiu em liberdade condicional.

Segunda prisão e assassinatos subseqüentes

Após sua libertação da prisão, Gaskins voltou a se casar, mas também caiu rapidamente de novo em arrombamentos e desvios de fundos. Dois anos depois de sua liberdade condicional, Gaskins foi preso pelo estupro de uma menina de doze anos. Enquanto aguardava julgamento, ele fugiu, mas foi preso novamente na Geórgia, e condenado a oito anos de prisão.

Gaskins foi libertado em liberdade condicional em novembro de 1968. Após sua libertação, Gaskins mudou-se para a cidade de Sumter e começou a trabalhar em uma empresa de construção civil. Em setembro de 1969, Gaskins cometeu uma série de assassinatos de caroneiros que pegou enquanto dirigia pelas rodovias ao longo das áreas costeiras do sul americano.

Ele designou estes assassinatos Coastal Kills: pessoas, tanto homens como mulheres, que ele matava em média uma vez a cada seis semanas, puramente por prazer, para acabar com seu tédio. Ele torturou e mutilou suas vítimas para mantê-las vivas o máximo de tempo possível.

Ele confessou todos os seus assassinatos e os métodos de tortura associados em detalhes, incluindo esfaqueamento, sufocação e mutilação, e até mesmo alegou ter canibalizado alguns deles. Ele também confessou posteriormente ter matado um total de oitenta a noventa destas vítimas, embora este número nunca tenha sido confirmado.

Em novembro de 1970, Gaskins foi culpado de seu primeiro assassinato grave: pessoas que ele conhecia e matou por razões pessoais. As primeiras vítimas a cair nessa categoria foram sua própria sobrinha, Janice Kirby, 15 anos, e sua amiga Patricia Ann Alsbrook, 17, ambas espancadas até a morte em Sumter, Carolina do Sul, após uma tentativa fracassada de abusar sexualmente delas.

Os assassinatos graves subseqüentes foram cometidos por várias razões: porque haviam zombado de Gaskins, tentado chantageá-lo, lhe deviam dinheiro, roubado dele, ou porque Gaskins havia sido pago para matar sua vítima.

Ao contrário de suas matanças costeiras, Gaskins empregou um método um pouco mais simples nestas, geralmente por tiroteio, antes de enterrá-las nas áreas costeiras da Carolina do Sul.

A última prisão

Gaskins foi preso em 14 de novembro de 1975 quando uma associação criminosa chamada Walter Neeleman confessou à polícia que havia testemunhado o assassinato de dois jovens chamados Dennis Bellamy, de 28 anos, e Johnny Knight, de 15 anos.

Neeleman também confessou que Gaskins lhe havia dito que ele havia matado várias pessoas que haviam sido dadas como desaparecidas nos últimos cinco anos. Ele também lhe havia dito onde as havia enterrado. Em 4 de dezembro de 1975, Gaskins levou a polícia a um terreno que ele possuía em Prospect. Aqui a polícia descobriu os corpos de oito de suas vítimas.

A prisão de Gaskins

Em 24 de maio de 1976, Gaskins foi julgado por oito acusações de assassinato, considerado culpado e condenado à morte quatro dias depois, em 28 de maio, que mais tarde foi comutado para prisão perpétua.

Em 2 de setembro de 1982, Gaskins cometeu outro assassinato, pelo qual recebeu o título de Homem Mais Comum da América. Enquanto estava preso em um bloco de celas de alta segurança no Instituto Correcional da Carolina do Sul, ele matou o detento do corredor da morte, Rudolph Tyner.

Tyner foi encarcerado pelo assassinato de um casal de idosos chamado Bill e Myrtle Moon durante um assalto falhado à mão armada de sua loja.

Gaskins foi contratado por Tony Cimo, filho de Myrtle Moon, para cometer este assassinato. Gaskins inicialmente fez várias tentativas fracassadas de matar Tyner envenenando seus alimentos e bebidas, antes de optar pelo uso de explosivos para matá-lo.

Para conseguir isso, Gaskins anexou um dispositivo semelhante a um rádio portátil à célula do Tyner e disse ao Tyner que isso lhes permitiria comunicar-se entre si.

Quando Tyner seguiu as instruções de Gaskins e segurou o dispositivo (carregado com um explosivo plástico C-4, desconhecido de Tyner) em seu ouvido na hora marcada, Gaskins acendeu o explosivo em sua cela e o matou. Gaskins disse mais tarde: "A última coisa que Tyner ouviu foi eu rindo". "Gaskins foi julgado pelo assassinato de Rudolph Tyner e condenado à morte.

A Verdade sobre a Vida de Donald Gaskins

No corredor da morte, Gaskins contou sua história de vida a um jornalista chamado Wilton Earle. Ao fazer isso, ele confessou ter cometido de 100 a 110 assassinatos. Um deles foi o de Margaret "Peg" Cuttino, a filha de 12 anos do então senador James Cuttino, Jr. de Sumter, na Carolina do Sul.

No entanto, a aplicação da lei não conseguiu verificar todas as suas reivindicações. Em sua autobiografia, Verdade Final, Gaskins escreveu que ele tinha "um espírito especial" que lhe havia dado "permissão para matar". "

Antes de sua prisão, Gaskins era amigo da personalidade do YouTube Charles Green, conhecido como O Avô Furioso. Após a execução de Gaskins, Green visitou a prisão para ver a cela de Gaskins. A cela tinha um pentagrama desenhado no chão com o nome de Green escrito nela. Green afirma que não conhecia a verdadeira natureza de Gaskins.

A execução de Gaskins foi realizada em 6 de setembro de 1991 às 13h10. Ele foi a quarta pessoa a ser executada desde que a pena de morte foi restabelecida na Carolina do Sul em 1977.

Poucas horas antes de ser escoltado até a cadeira elétrica do Instituto Correcional Broad River, Gaskins tentou o suicídio cortando os pulsos com uma lâmina de barbear que ele havia engolido uma semana antes e tossiu de novo mais cedo naquele dia.

8. Ed Gein

Anos de atividade: 1953-1982
País: Estados Unidos
Assassinatos cometidos: 2 confirmados, 9 cadáveres mutilados
Punição: Pena de morte por eletrocussão

Edward (Ed) Theodore Gein nasceu em La Crosse, Wisconsin, em 27 de agosto de 1906 e morreu em Madison, Wisconsin, em 26 de julho de 1984, era um assassino e ladrão de sepulturas americano. Como cometeu menos de três assassinatos, ele não pode ser definido exatamente como um assassino em série, mas por causa da parte em seus crimes, decidimos escrever sobre ele também.

Diversas histórias de terror e filmes foram baseados em suas ações, incluindo **Psycho**, **O Silêncio dos Cordeiros** e **O Massacre da Serra da Cadeia do Texas.**

A juventude de Ed Gein

Gein cresceu em uma família de quatro pessoas: um pai agressivo e alcoólatra (George) que estava regularmente desempregado, uma mãe muito dominadora e religiosa (Augusta), e seu irmão, Henry. Henry morreu em tenra idade e nunca ficou claro se Ed foi o responsável por sua morte.

Segundo a polícia, Henry morreu em um incêndio na propriedade da família (na esquina da Archer ave e da 2ª ave, Plainfield). Embora Ed tenha dito à polícia que não sabia nada sobre todo o evento, ele ainda assim levou a polícia diretamente ao corpo de Henry.

Durante sua infância, sua mãe foi uma grande influência sobre Gein. Ela era muito religiosa e lia do Antigo Testamento todos os dias (sobre morte, assassinato e punição de Deus pela coisa ruim que uma pessoa faz). Seu pai e seu irmão morreram, então quando sua mãe também morreu em 1945, Gein estava por sua conta. Como Gein tinha sido tornado dependente por sua mãe, com quem tinha uma relação de amor e ódio, ele chorou como uma criança em seu funeral.

Após o funeral de sua mãe, ele entrou pelas janelas e portas do andar de cima, da sala de estar e do quarto de sua mãe. Ele vivia no outro quarto, na cozinha e no grande celeiro.

Os primeiros sinais de sua insanidade

Na escola, Gein era um proscrito. Ele tinha um QI médio, mas sua mãe não permitia que ele se associasse aos colegas de classe. Sempre que ele tentava fazer isso, sua mãe o chamava de nomes e o depreciava. Ele era muito intimidado durante sua infância. Por causa desta Gein não estava bem desenvolvido socialmente-emocionalmente. A agressão de sua mãe veio em cima disso. Mais tarde na vida, a solidão levou Gein à loucura.

Ele estava ansioso para trazer sua mãe de volta dos mortos e começou a fazer estudos sobre anatomia. Ele também leu livros sobre experiências em campos de concentração durante a Segunda Guerra Mundial. Depois ele leu no jornal que uma mulher havia sido enterrada naquele dia. Ele pediu a seu amigo Gus que se juntasse a ele para desenterrar o cadáver e usá-lo para "experimentos médicos".

Durante os dez anos seguintes, ele fez o mesmo. Todos os dias ele procurava no jornal por mulheres falecidas e depois as desenterrava naquela noite. Ele usava a pele e os ossos para todos os tipos de objetos e os músculos e órgãos que ele mantinha na geladeira para comer mais tarde.

Gein não teve qualquer experiência sexual e confundiu seus sentimentos pelo feminino com o desejo de se tornar ele mesmo uma mulher. Ele pensou em se castrar, mas finalmente decidiu que um terno de pele feminina com seios e uma vagina o tornava suficientemente feminino. Para satisfazer seu crescente desejo por corpos femininos, ele começou a esvaziar túmulos "frescos" para adornar-se com roupas feitas de pele dos cadáveres femininos exumados.

Gein se tornou cada vez mais hábil em fazer a pele, fazendo, entre outras coisas, um cinto de colheres e tambores femininos forrados com pele de mulher, enquanto usava caveiras como decorações e como copos para beber.

Os assassinatos de Ed Gein

Em 10 de dezembro de 1954, Gein cometeu seu primeiro assassinato. A vítima era Mary Hogan, de 54 anos. Pouco depois do assassinato de sua segunda vítima (Bernice Worden, morta em 16 de novembro de 1957), o xerife o localizou. A casa de Gein foi revistada, onde corpos e objetos foram encontrados. Gein sustentou que ele meramente "decorou" a si mesmo e sua casa, e não se envolveu em necrofilia ou canibalismo.

No entanto, ele confessou o duplo assassinato. Muitos itens foram encontrados, inclusive: um corpo feminino pendurado de cabeça para baixo (a cabeça, o ânus e a vagina haviam sido removidos e havia uma fenda no peito da vagina até o pescoço), duas canelas, quatro narizes humanos, um tambor feito de pele de mulher, tigelas feitas de caveiras, nove máscaras feitas de pele humana real, dez cabeças de mulher com os tops serrados, uma caixa de sapatos com nove vaginas bronzeadas incluindo a de sua mãe, uma cabeça humana pendurada, duas cabeças encolhidas, dois crânios na cama, dois lábios pendurados em uma corda e o coração de uma de suas vítimas. A polícia suspeitava de mais assassinatos, já que as nove vaginas bronzeadas não podiam ser ligadas a cadáveres enterrados, mas não podiam provar mais nada.

Gein foi encontrado louco e passou o resto de sua vida em clínicas TBS. Em 26 de julho de 1984, ele morreu no Hospital Estadual de Waupan.

9. H.H. Holmes

Anos de atividade: 1888-1894
País: Estados Unidos
Assassinatos cometidos: 9 confirmados, mais de 200 estimados
Punição: Pena de morte por enforcamento

Herman Webster Mudgett nasceu em Gilmanton, New Hampshire, em 16 de maio de 1861, e morreu na Filadélfia, Pensilvânia, em 7 de maio de 1896, mais conhecido como Dr. Henry Howard Holmes, foi um dos primeiros assassinos em série documentados no sentido moderno do termo.

Em Chicago, durante a Feira Mundial de 1893, Holmes abriu o World's Fair Hotel, que ele havia projetado e construído com o propósito específico de cometer assassinatos nele.

Embora ele tenha eventualmente confessado 27 assassinatos, nove dos quais foram confirmados, o número real de assassinatos cometidos por Holmes pode ser de cerca de 200.

A juventude de H.H. Holmes

Mudgett nasceu em terceiro lugar em uma família de quatro filhos. Em 4 de julho de 1878, ele casou-se com Clara Lovering em Alton, New Hampshire. O filho deles, Robert Lovering Mudgett, nasceu em 3 de fevereiro de 1880.

Em 1882 ele começou a estudar medicina no Departamento de Medicina e Cirurgia da Universidade de Michigan. Durante seus estudos, ele roubou e mutilou corpos do laboratório da universidade, depois fez apólices de seguro de vida para os indivíduos e reivindicou o dinheiro do seguro sob falsos pretextos onde os indivíduos tinham morrido em acidentes. Depois disso, ele se mudou para Chicago para começar uma carreira como farmacêutico. Nessa época, Mudgett iniciou muitas práticas obscuras, negócios imobiliários e promocionais sob o nome de H.H. Holmes.

Em 28 de janeiro de 1887, ele se casou com Myrta Belknapp enquanto ainda era casado com Clara. Algumas semanas depois ele pediu o divórcio, mas este nunca foi finalizado oficialmente. Com Myrta, ele teve uma filha, Lucy Theodate Holmes, em 4 de julho de 1889.

Em 17 de janeiro de 1894, Holmes casou-se uma terceira vez, desta vez com Georgiana Yoke, enquanto ainda estava oficialmente casado com Clara e Myrta. Ele também teve outro relacionamento com Julia Smythe, a esposa de um de seus antigos funcionários. Julia se tornaria mais tarde uma das vítimas de Holmes.

Chicago e o "Castelo do Assassinato

Em 1886, Holmes se estabeleceu em Chicago e trabalhou na drogaria da Dra. Elizabeth S. Holton. Após a morte de seu marido, Holmes assumiu a loja da Dra. Holton. Mais tarde, Holmes comprou um terreno do outro lado da rua da farmácia e construiu seu castelo, como as pessoas do bairro o chamavam.

O nome do edifício era World's Fair Hotel e abriu como uma pousada para a World's Fair de 1893. O primeiro andar do Castelo ocupava a própria drogaria de Holmes e várias outras lojas, enquanto os dois andares superiores ao lado de seu escritório pessoal continham um labirinto de 100 quartos sem janelas com passagens estranhas para paredes sem saída, escadas que não levavam a nada, portas que só podiam ser abertas do exterior e outras estranhas e labirínticas estruturas.

Holmes trocou de empreiteiro freqüentemente durante a construção do Castelo, então ele era o único que sabia sobre o layout do bizarro edifício.

Durante a construção do Castelo, Holmes conheceu Benjamin Pitezel, um homem com antecedentes criminais que trabalhava como carpinteiro no prédio. Pitezel seria usado por Holmes como ajudante em seus crimes. Holmes tinha preferência pelas vítimas femininas, que ele fazia entre seus funcionários (*para as quais fazia um seguro de vida pago por Holmes, do qual ele era o beneficiário e que estava incluído como uma provisão extra em seu contrato*), amantes e convidados.

Alguns deles foram trancados em quartos à prova de som conectados a linhas de gás abertas e depois gaseados. Outras vítimas foram trancadas em uma enorme caixa de bombeiros perto de seu escritório, na qual foram deixadas asfixiadas. Holmes podia então ouvir o pânico e os gritos de suas vítimas enquanto elas sufocavam.

Os corpos de suas vítimas foram então jogados no porão através de uma calha secreta. Alguns desses corpos foram então dissecados e despidos de sua carne, para serem transformados em modelos esqueléticos e depois vendidos para escolas médicas. Holmes também utilizou dois grandes fornos, cal viva e fossos de ácido para descartar os corpos. Além disso, seu porão continha vários tipos de venenos e dispositivos de tortura. Devido a sua formação médica e suas conexões na comunidade médica, não foi difícil para Holmes vender os esqueletos e órgãos.

A prisão de Holmes

Após a Feira Mundial, Holmes deixou Chicago, para evitar os credores. Ele foi para Fort Worth, Texas, onde havia herdado propriedade de duas irmãs, uma das quais havia prometido se casar e depois matar as duas. Seu plano era criar aqui um novo castelo, como já havia feito anteriormente em Chicago.

Depois de pouco tempo, porém, ele parou este projeto. Depois disso, ele se mudou para os Estados Unidos e Canadá. Os únicos assassinatos confirmados desse período foram os de seu cúmplice de longa data Benjamin Pitezel e três de seus filhos.

Holmes tinha conseguido que Pitezel fingisse sua própria morte, após o que a esposa de Pitezel poderia receber o seguro de vida de $10.000 sobre sua vida e o compartilharia com Holmes e seu advogado Jeptha Howe. Pitezel, como inventor sob o nome de B.F. Perry, teria que morrer em uma explosão de laboratório, com o corpo severamente espancado. Holmes deveria ter encontrado um corpo para assumir o papel de Pitezel. Em vez disso, Holmes assassinou o insuspeito Pitezel com clorofórmio e coletou a apólice de seguro de vida já feita com o próprio Pitezel. Holmes então convenceu a viúva insuspeita de Pitezel a colocar três de seus cinco filhos com ele, iludindo-a de que seu marido estava em Londres. Ele também mataria os três filhos durante sua viagem.

Em 17 de novembro de 1894, Holmes foi preso na presença de sua esposa insuspeita, tendo sido traído por um ex-companheiro de cela que ele conhecera quando tinha sido detido brevemente algum tempo antes por burla de cavalos. Ele acabou sendo perseguido por um detetive de Pinkerton e detido novamente por burlas com cavalos.

Depois que o gerente do Castelo informou à polícia que não tinha permissão para entrar nos andares superiores do edifício, a polícia iniciou uma investigação extensiva e nos meses que se seguiram as práticas de Holmes foram expostas.

O número total de vítimas é estimado entre 20 e 100. Com base nos relatos de pessoas desaparecidas que visitaram a Feira Mundial mas nunca voltaram para casa e nas declarações dos vizinhos de Holmes, que o viram entrar regularmente com mulheres jovens mas nunca mais viram essas mulheres saírem, o número também pode ser de 200. As vítimas de Holmes eram principalmente mulheres (loiras), mas alguns homens e crianças também foram presas dele.

Julgamento e execução

Em outubro de 1895, Holmes foi condenado pelo assassinato de Benjamin Pitezel. Após sua condenação, Holmes admitiu 27 assassinatos, mas estranhamente, alguns dos que ele nomeou ainda estavam vivos.

Durante este tempo, ele fez várias declarações contraditórias sobre sua vida, primeiro afirmando ser inocente e depois afirmando que tinha sido possuído por Satanás. Em 7 de maio de 1896, ele foi enforcado na prisão de Moyamensing, na Filadélfia. O pescoço de Holmes não quebrou na queda; em vez disso, ele foi enforcado na forca, soluçando por mais de quinze minutos, e somente depois de vinte minutos foi declarado morto. Holmes foi enterrado no Cemitério da Santa Cruz em Yeadon.

O Castelo foi em grande parte destruído pelo fogo em agosto de 1895. Os restos mortais do edifício foram demolidos em 1938.

10. Theodore Kaczynski

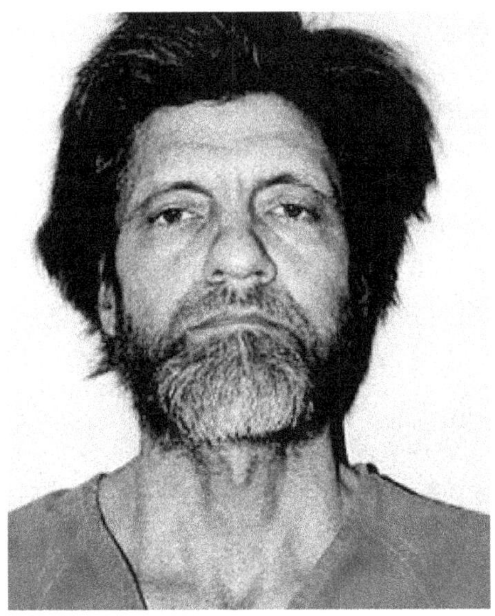

Anos de atividade: 1978-1995
País: Estados Unidos
Assassinatos cometidos: 3 confirmados
Punição: Vida na prisão

Theodore John (Ted) Kaczynski, nascido em Chicago, em 22 de maio de 1942, apelidado de Unabomber, é um matemático americano, crítico social neo-ludita e extremista, que realizou uma série de ataques com cartas-bomba que deixaram vários mortos e feridos. Após anos de investigação, ele foi finalmente preso em 3 de abril de 1996, em seu camarote na floresta de Montana.

Kaczynski foi descrito em reflexões publicadas após sua convicção em 1998 como um prodígio intelectual que se sobressaiu no início da escola. Ele estudou na Universidade de Harvard e recebeu seu PhD em matemática da Universidade de Michigan.

Aos vinte e cinco anos ele se tornou professor associado na Universidade da Califórnia, Berkeley, onde renunciou após dois anos.

Em 1971, ele se mudou para uma cabine remota sem eletricidade ou água corrente em Lincoln, Montana, onde começou a aprender habilidades de sobrevivência em um esforço para se tornar independente do mundo exterior. Ele veio para iniciar uma campanha de bombardeio depois de ver a natureza selvagem ao seu redor destruída por projetos de desenvolvimento. Durante o período de 1978 a 1995, Kaczynski enviou 16 cartas de bombas a vários alvos, incluindo universidades e companhias aéreas, matando três pessoas e ferindo 23. Em 24 de abril de 1995, Kaczynski enviou uma carta ao The New York Times prometendo "deter seu terrorismo" se o Times ou o The Washington Post publicassem seu manifesto.

Em sua Sociedade Industrial e seu Futuro, também chamada de "Manifesto Unabomber", ele argumentou que seus bombardeios eram extremos, mas necessários para chamar a atenção para a erosão da liberdade humana causada por tecnologias modernas que exigem uma estruturação em larga escala.

A Unabomber foi o alvo de uma das investigações mais caras do Federal Bureau of Investigation (FBI). Antes que a identidade de Kaczynski fosse conhecida, o FBI usou o nome de código "UNABOM" ("University and Airline Bomber") para se referir a este caso. Isto fez com que a mídia o chamasse de Unabomber.

Apesar dos esforços do FBI, ele não foi capturado como resultado dessa detecção. Ao invés disso, seu irmão reconheceu o estilo de escrita e as opiniões de Kaczynski a partir do manifesto e informou o FBI. Para evitar a pena de morte, os advogados de Kaczynski entraram no que é conhecido como um acordo de confissão, no qual ele se declarou culpado e foi condenado a prisão perpétua sem possibilidade de liberdade condicional.

 Kaczynski tem sido caracterizado pelo FBI como um "terrorista caseiro". As opiniões de Kaczynski recebem apoio de alguns escritores anarcoprimitivistas, como John Zerzan e John Moore, apesar do fato de abrigarem reservas sobre suas ações e idéias.

A juventude de Ted Kaczynski

Kaczynski nasceu em uma família de descendência polonesa, em Chicago, Illinois. Seus pais, Theodore Richard Kaczynski e Wanda Dombek, eram poloneses americanos de segunda geração. Kaczynski cursou as primeiras quatro séries do ensino fundamental na escola primária Sherman em Chicago, e as últimas quatro na escola Evergreen Park Central.

Como resultado de um teste psicológico na quinta série, que mostrou que ele tinha um QI de 167, ele foi autorizado a pular a sexta série e passou logo para a sétima. Kaczynski descreveu isso mais tarde como um momento crucial em sua vida. Ele se lembrou de não se dar bem com as crianças mais velhas e de ser incomodado por seus palavrões e intimidações.

Quando criança, Kaczynski tinha medo de pessoas e edifícios e geralmente brincava sozinho. Sua mãe estava tão preocupada com seu fraco desenvolvimento social que considerou tê-lo participado de um estudo sobre crianças autistas, liderado por Bruno Bettelheim.

Ele freqüentou o ensino médio na Evergreen Park Community High School. Kaczynski foi descrito como anti-social e muitos de seus colegas de classe o lembram como um solitário tranquilo. Kaczynski se saiu bem na escola, mas em seu segundo ano ele achou a matemática muito fácil. Durante esse período de sua vida, Kaczynski tornou-se obcecado pela matemática, passando horas em seu quarto trabalhando em equações diferenciais.

Consequentemente, ele foi transferido para uma classe matemática mais avançada, na qual ele ainda se sentia intelectualmente atrofiado. Kaczynski rapidamente dominou o material e pulou a décima primeira série. Com a ajuda de um curso de inglês de verão, ele completou seus estudos secundários aos quinze anos. Ele foi encorajado a matricular-se na Universidade de Harvard, onde foi admitido como estudante aos dezesseis anos, no outono de 1958.

Em Harvard, Kaczynski freqüentou a faculdade com o renomado lógico Willard Van Orman Quine e esteve entre os melhores alunos da classe Quine, com uma pontuação final de 98,9%. Ele também participou de um estudo de personalidade de vários anos conduzido pelo Dr. Henry Murray, um especialista em entrevistas de estresse.

No estudo patrocinado pela Central Intelligence Agency (CIA) de Murray, os estudantes foram instruídos a discutir sua filosofia pessoal com um colega estudante. Em vez disso, eles foram submetidos a um teste de estresse, que consistiu em uma abordagem psicológica extremamente dura por parte de um acusador anônimo.

Durante o teste, os estudantes foram amarrados em uma cadeira e conectados a eletrodos que registraram suas reações psicológicas enquanto olhavam para luzes brilhantes e eram vistos através de um espelho transparente. Isto foi filmado e as expressões dos estudantes de sua raiva indefesa foram reproduzidas para eles várias vezes mais tarde no estudo.

De acordo com Chase, os registros sobre Kaczynski daquele período mostram que ele estava emocionalmente estável quando ele iniciou aquela investigação. Os advogados de Kaczynski atribuem parte de sua instabilidade emocional e aversão ao controle do pensamento à sua participação nessa investigação.

A carreira de Kaczynski

Kaczynski formou-se em Harvard em 1962 aos 20 anos de idade e depois se matriculou na Universidade de Michigan, onde obteve sua graduação e um doutorado em matemática. A especialidade de Kaczynski era uma parte da análise complexa conhecida como teoria da função geométrica.

Ele obteve seu PhD com uma dissertação intitulada "Boundary Functions", na qual ele resolveu um problema em menos de um ano que um de seus professores de Michigan, George Piranian, havia falhado em fazer.

Este último comentou mais tarde sobre Kaczynski: "Não basta dizer que ele é inteligente". Maxwell Reade, professor emérito de matemática, que foi um dos promotores de Kaczynski, comentou sobre sua dissertação: "Suponho que talvez 10 ou 12 pessoas no país o entenderam ou apreciaram".

Em 1967, Kaczynski ganhou o prêmio Sumner B. Myers da Universidade de Michigan no valor de 100 dólares porque sua dissertação foi considerada a melhor em matemática naquele ano.

Ainda estudante de doutorado em Michigan, ele recebeu uma bolsa da National Science Foundation e passou três anos lecionando para estudantes mais jovens. Ele publicou em revistas de matemática dois artigos relacionados à sua dissertação e mais tarde mais quatro, depois que ele já havia deixado Michigan.

No outono de 1967, Kaczynski tornou-se professor assistente de matemática na Universidade da Califórnia - Berkeley. Ele foi o professor mais jovem já nomeado pela universidade.

Isto durou pouco tempo, no entanto; sem dar nenhuma razão, Kaczynski renunciou em 1969, quando tinha 26 anos. O professor de matemática J.W. Addison chamou essa demissão de "repentina e inesperada", enquanto o vice-presidente Calvin Moore disse que, dada a "impressionante" dissertação e série de publicações de Kaczynski, "ele poderia ter conseguido um doutorado e então ter sido um dos assistentes principais do corpo docente até agora".

A vida em Montana

No verão de 1969, Kaczynski mudou-se para a pequena casa de seus pais em Lombard, Illinois. Dois anos mais tarde, ele se mudou para uma cabana remota que ele mesmo havia construído em Lincoln, Montana, onde viveu uma vida simples com pouco dinheiro, sem eletricidade ou água corrente. Kaczynski teve alguns empregos casuais e recebeu apoio financeiro de sua família, que ele usou para adquirir seu terreno e mais tarde, sem que sua família soubesse, para financiar sua campanha de cartas-bomba. Por pouco tempo, em 1978, ele trabalhou com seu pai e seu irmão em uma fábrica de espuma de borracha.

A intenção original de Kaczynski era aposentar-se em um lugar isolado e tornar-se independente do mundo exterior para que pudesse viver de forma autônoma. Ele começou a ensinar a si mesmo habilidades de sobrevivência, tais como rastrear, reconhecer plantas comestíveis e fabricar ferramentas primitivas, tais como brocas de proa. Entretanto, ele logo percebeu que não seria capaz de continuar vivendo dessa maneira, pois viu as terras selvagens ao seu redor serem destruídas por projetos de recuperação e pela indústria.

Inicialmente, ele realizou atos isolados de sabotagem, visando desenvolvimentos perto de sua cabine.

O último ponto de ruptura que o levou a iniciar sua campanha de bombardeio foi quando ele fez uma viagem a um de seus lugares selvagens favoritos e viu que havia sido destruído e substituído por uma estrada. Sobre isso, ele disse:

Para mim, o melhor lugar foi o maior remanescente deste planalto rochoso que remonta ao Terciário. É uma espécie de área ondulada, não plana, e quando você chega à borda dela você vê estes desfiladeiros, cortando encostas rochosas muito íngremes. Havia até uma cachoeira ali. Estava a cerca de dois dias de caminhada da minha cabana. Esse foi o melhor lugar até o verão de 1983.

Naquele verão havia muita gente ao redor da minha cabana, então decidi que precisava descansar um pouco. Voltei ao planalto e quando cheguei lá, descobri que tinham construído uma estrada por ela". Sua voz vacilou; ele parou por um momento e continuou: "Você não pode imaginar como eu estava desorientado.

Naquele momento, decidi que em vez de tentar me ensinar mais "habilidades selvagens", eu faria o sistema pagar por isso. Vingança. -Ted Kaczynski

Ele começou a dedicar-se a ler sobre sociologia e livros sobre filosofia política, como os livros de Jacques Ellul, e também intensificou suas atividades de sabotagem.

Entretanto, ele logo chegou à conclusão de que somente métodos mais violentos proporcionariam uma solução, para o que ele via como o problema da civilização industrial.

Ele relatou que perdeu a fé na idéia de reforma e que viu o colapso violento como a única maneira de acabar com o sistema tecno-industrial. Sobre a idéia de uma reforma pacífica significa derrubá-la, disse ele:

Eu não acho que isso seja possível. Em parte devido à tendência humana na maioria das pessoas - há exceções - de escolher o caminho de menor resistência. Eles escolherão o caminho mais fácil, mas desistir de seu carro, sua televisão, sua eletricidade, não é o caminho de menor resistência para a maioria das pessoas.

A meu ver, não creio que haja sequer uma forma regulada ou dirigida de desmantelar o sistema industrial. Acho que a única maneira de nos livrarmos dele é se ele cair e colapsar....

O grande problema é que as pessoas não acreditam que a revolução seja possível e não é possível precisamente porque não acreditam que seja possível. Eu acho que o movimento eco-anarquista conseguiu muito, mas acho que eles poderiam fazer melhor...Os verdadeiros revolucionários deveriam se distanciar dos reformadores...

E acho que seria bom se houvesse um esforço consciente para introduzir o maior número possível de pessoas na natureza selvagem. Em resumo, acho que não devemos tentar convencer a maioria das pessoas ou provar que estamos certos, mas tentar aumentar as tensões na sociedade até o ponto de colapso.

Para criar uma situação em que as pessoas se sentiriam tão desconfortáveis que se revoltariam. Portanto, a questão é como levantar essas tensões. -Ted Kaczynski

Os bombardeios

A primeira carta bomba foi enviada no final de maio de 1978 ao professor de ciências dos materiais Buckley Crist da Northwestern University. O pacote foi encontrado em um estacionamento na Universidade de Illinois em Chicago, com Crist como remetente.

O pacote foi "devolvido" ao Crist. Entretanto, quando Crist recebeu o pacote, ele notou que o endereço não estava escrito em sua caligrafia.

Encontrando um pacote que ele não tinha enviado a si mesmo suspeito, ele contatou o policial do campus Terry Marker, que abriu o pacote - ele explodiu imediatamente. Embora Marker tenha sofrido apenas ferimentos mínimos, sua mão esquerda foi tão danificada que ele precisou de atendimento médico no Hospital Evanston.

A bomba era feita de metal que poderia ter vindo de uma loja de bricolage. O componente principal era um tubo de metal, de cerca de 25 mm de diâmetro e 230 mm de comprimento. A bomba continha um explosivo sem fumo e a caixa e os tampões, que selavam as extremidades do tubo, eram feitos à mão de madeira.

No entanto, a maioria das bombas de canos usa pontas de metal rosqueadas, disponíveis em muitas lojas de ferragens. As tampas de madeira não são suficientemente fortes para garantir que uma grande quantidade de pressão se acumule dentro da tubulação, razão pela qual a bomba não causou danos graves. O mecanismo de ignição primitivo usado na bomba era um prego esticado por fitas de borracha, que quando a caixa foi aberta, deveria atingir seis cabeças de fósforo comuns. As cabeças de fósforos pegariam fogo imediatamente e acenderiam o explosivo. Entretanto, quando o prego atingia as cabeças dos fósforos, apenas três acendiam. Uma técnica mais eficiente, mais tarde utilizada por Kaczynski, seria a utilização de baterias e filamentos, que acenderiam o explosivo mais rápida e efetivamente.

O primeiro bombardeio em 1978 foi seguido de cartas de bombas enviadas aos funcionários da companhia aérea, e em 1979, uma bomba foi colocada no porão de carga do vôo 444 da American Airlines, um Boeing 727, voando de Chicago para Washington, D.C. A bomba começou a fumegar e forçou o piloto a fazer uma aterrissagem de emergência.

Muitos passageiros tiveram que ser tratados para inalação de fumaça. Somente um ajuste inadequado do mecanismo de tempo impediu que a bomba explodisse. Especialistas disseram que ela tinha poder explosivo suficiente para "destruir a aeronave".

Como o bombardeio a uma companhia aérea nos EUA é um crime federal, o FBI foi chamado após este incidente, que recebeu o nome de código "UNABOM" ("University and Airline Bomber"). Eles também chamaram o suspeito de bombardeiro basculante, por causa do material usado para fabricar as bombas. Em 1980, o Superintendente John Douglas, trabalhando com a Unidade de Ciências Comportamentais do FBI, fez circular um perfil psicológico do agressor desconhecido, descrevendo o criminoso como um homem de inteligência acima da média e contatos com a academia.

Este perfil foi posteriormente refinado, caracterizando o criminoso como um neoludita com formação acadêmica em ciências, mas este perfil psicologicamente fundamentado foi abandonado em 1993 em favor de uma teoria alternativa desenvolvida por analistas do FBI que se concentraram em evidências tangíveis em fragmentos de bombas encontradas. Neste perfil concorrente, o suspeito de bombardeio foi descrito como um mecânico de aeronaves.

Um número de telefone separado 1-800-701-BOMB foi aberto pela Unidade Especial da UNABOM, para quaisquer ligações que pudessem ser úteis na investigação da Unabomber, e uma recompensa de US$ 1 milhão foi oferecida para qualquer pessoa que pudesse fornecer informações que levassem à captura da Unabomber.

As vítimas

A primeira lesão grave ocorreu em 1985, quando John Hauser, estudante de doutorado e capitão da Força Aérea dos Estados Unidos, perdeu quatro dedos e visão em um olho. As bombas eram todas feitas à mão e consistiam de peças de madeira. Dentro das bombas, algumas peças continham a inscrição "FC". Kaczynski explicou mais tarde que as iniciais significavam "Freedom Club". Em 1985, o proprietário de uma loja de computadores na Califórnia, Hugh Scrutton, de 38 anos, foi morto por uma bomba carregada com pregos e estilhaços que havia sido colocada no estacionamento de sua loja. Um ataque semelhante contra uma loja de computadores ocorreu em Salt Lake City, Utah, em 20 de fevereiro de 1987.

A bomba, que parecia um pedaço de madeira, feriu Gary Wright quando ele tentou removê-la do estacionamento da loja. A explosão cortou os nervos do braço esquerdo de Wright e atirou mais de 200 estilhaços de metal em seu corpo.

O irmão de Kaczynski, David - que desempenharia um papel decisivo na futura captura de Ted, alertando as autoridades federais sobre o possível envolvimento de seu irmão nos casos Unabomber - localizou Wright depois que Ted foi preso em 1996 e tornou-se amigo dele. David Kaczynski e Wright permaneceram amigos e, ocasionalmente, mantêm juntos compromissos de reconciliação.

Após um intervalo de seis anos, Kaczynski atacou novamente em 1993, enviando um pacote de bombas para David Gelernter, professor de ciência da computação na Universidade de Yale. Embora tenha sido gravemente ferido, ele acabou se recuperando. Outro pacote de bombas enviado nesse mesmo fim de semana foi endereçado ao endereço residencial do geneticista Charles Epstein da Universidade da Califórnia, São Francisco, que perdeu vários dedos quando o abriu. Kaczynski então chamou o irmão de Gelernter, Joel Gelernter, um geneticista comportamental, e ameaçou "você é o próximo".

O geneticista Phillip Allen Sharp do Instituto de Tecnologia de Massachusetts também recebeu uma carta ameaçadora dois anos mais tarde. Kaczynski escreveu uma carta ao The New York Times afirmando que seu "grupo", o FC, era responsável pelos ataques. Em 1994, Thomas J. Mosser, o chefe executivo da Burson-Marsteller, foi morto por uma carta bomba enviada para seu endereço em North Caldwell, Nova Jersey.

Em outra carta ao The New York Times, Kaczynski declarou que o FC tinha "explodido Thomas Mosser porque Burston-Marsteller tinha sido útil para a Exxon no polimento de sua imagem após o desastre do Exxon Valdez" e, mais importante, porque "sua ocupação é desenvolver técnicas para manipular o comportamento das pessoas".

Isso foi seguido em 1995 pelo assassinato de Gilbert Murray, presidente da Associação Florestal da Califórnia, o grupo de lobby da indústria madeireira, por uma carta-bomba realmente destinada ao presidente anterior, William Dennison, que já havia se aposentado.

O total de 16 bombas - que feriram 23 pessoas e mataram três - foi atribuído a Kaczynski. Embora a construção das bombas tenha variado muito ao longo dos anos, todas, exceto a primeira, carregaram as iniciais "FC". As impressões digitais encontradas em alguns dos dispositivos não correspondiam às impressões digitais encontradas nas letras atribuídas a Kaczynski. A declaração do FBI foi lida:

203. As impressões digitais ocultas situadas em dispositivos, enviadas e/ou colocadas pela pessoa UNABOM foram comparadas com as impressões digitais, encontradas nas cartas atribuídas a Theodore Kaczynski. De acordo com o laboratório do FBI, não há correlação forense entre as duas amostras.

Uma das táticas de Kaczynski era deixar pistas falsas em cada bomba. Ele geralmente as tornava difíceis de encontrar, a fim de enganar deliberadamente os investigadores, fazendo-os pensar que tinham uma pista. A primeira pista era uma placa de metal com as letras "FC" perfuradas, escondidas em algum lugar (geralmente em boné na extremidade do tubo) em cada bomba.

Outra pista falsa que ele deixou foi um rabisco em uma bomba, que não explodiu, que dizia "Oy-it funciona! Eu lhe disse que funcionaria - RV". Uma pista mais óbvia foram os selos de $1 com a imagem de Eugene O'Neill usados para enviar seus pacotes. Uma de suas bombas foi incorporada em uma cópia do romance de Sloan Wilson, Ice Brothers.

O manifesto de Kaczynski

Em 1995, Kaczynski enviou várias cartas, algumas para suas vítimas anteriores, delineando seus objetivos e exigindo que seu ensaio de 35.000 palavras Sociedade Industrial e seu Futuro (também chamado "Manifesto Unabomber") fosse publicado literalmente em um grande jornal ou revista; ele declarou que cessaria então sua campanha terrorista. Houve uma divisão considerável quanto a se isto deveria ou não ser feito. Seguiu-se outra carta, ameaçando que mais pessoas seriam mortas; por preocupação com a segurança pública, o Departamento de Justiça dos Estados Unidos recomendou que ela fosse publicada. Então o panfleto foi publicado pelo The New York Times e pelo The Washington Post em 19 de setembro de 1995, também na esperança de que alguém reconhecesse o estilo de escrita.

Mesmo antes da decisão do The New York Times de publicar o manifesto, Bob Guccione da Penthouse havia se oferecido para publicá-lo, mas

Kaczynski respondeu que, como a Penthouse era menos "proeminente" que as outras mídias, nesse caso ele "se reservaria o direito de plantar mais uma (e realmente apenas uma) bomba com a intenção de matar, depois que o 'nosso' manuscrito fosse publicado".

Ao longo do manuscrito, que foi fabricado em uma máquina de escrever sem a capacidade de letras inclinadas, Kaczynski escreve palavras inteiras em letras maiúsculas, para enfatizá-las.

Ele sempre se refere a si mesmo como "nós" ou "FC" (Freedom Club), embora pareça que ele agiu por conta própria. O autor Henry Holt observa que a escrita de Kaczynski, além das marcas de ligação alternada, não contém praticamente nenhum erro ortográfico ou gramatical, apesar de ter sido escrita em uma máquina de escrever, sem as capacidades de processador de texto ou corretor ortográfico.

Sociedade Industrial e seu Futuro começa com a declaração de Kaczynski de que "a Revolução Industrial e suas conseqüências têm sido um desastre para a humanidade". Os primeiros parágrafos do texto são dedicados a uma análise psicológica de vários grupos - principalmente esquerdistas e cientistas - e as conseqüências psicológicas para o indivíduo de viver no "sistema industrial-tecnológico".

Os parágrafos seguintes especulam sobre a evolução futura deste sistema, afirmam que ele inevitavelmente levará ao fim da liberdade humana, apelam para uma "revolução contra a tecnologia" e tentam indicar como isto pode ser realizado.

Análise Psicológica

Em seus primeiros e últimos parágrafos, ele discute o esquerdismo como um movimento e analisa a psicologia dos esquerdistas, argumentando que eles são os "verdadeiros crentes", no sentido de Eric Hoffer, que participam de um poderoso movimento social para compensar sua falta de poder próprio. Ele afirma ainda que o esquerdismo, como movimento, é liderado por uma certa minoria de esquerdistas que ele chama de "super-socializados".

As normas e valores de nossa sociedade exigem tanto de nós que ninguém pode pensar, sentir e agir completamente de acordo com a moral vigente. Algumas pessoas são tão socializadas que seus esforços para pensar, sentir e agir moralmente pesam sobre seus ombros como um pesado fardo.

Para não se sentirem culpados, eles devem manter constantemente as aparências para si mesmos e encontrar explicações morais para sentimentos e ações que na realidade têm uma origem não moral. Nós chamamos tais pessoas de "super-socializadas".

Ele continua explicando como o caráter do esquerdismo é determinado pelas conseqüências psicológicas da "super-socialização". Kaczynski atribui os problemas sociais e psicológicos da sociedade moderna aos seguintes: *"esta sociedade força as pessoas a viverem em condições radicalmente diferentes daquelas sob as quais a humanidade evoluiu, e a se comportarem de forma a ir contra os padrões de comportamento aos quais o homem estava tradicionalmente acostumado"*.

Ele observa ainda que a principal causa da longa lista de problemas sociais e psicológicos na sociedade atual é a ruptura do "processo de poder", que, segundo ele, consiste em quatro elementos:

Os três elementos mais claramente distinguíveis são chamados: objetivo, esforço e realização do objetivo. (Todos precisam de metas que só podem ser alcançadas através do esforço, e todos têm a necessidade de alcançar pelo menos algumas dessas metas). O quarto elemento é mais difícil de definir e pode não ser necessário para todos. Nós o chamamos de autonomia e voltamos a ele.

Dividimos os acionamentos humanos em três grupos:

1. os impulsos que podem ser satisfeitos com um esforço mínimo;
2. os impulsos que podem ser satisfeitos, mas somente com grande esforço;
3. urgências que não podem ser adequadamente satisfeitas, não importa quanto esforço seja feito nelas. O processo de poder é o processo de satisfação dos impulsos no segundo grupo".

Kaczynski afirma então que "na sociedade industrial atual, os impulsos humanos naturais são empurrados em sua maioria para a primeira e terceira categorias, enquanto o segundo grupo consiste cada vez mais de impulsos induzidos artificialmente". Entre esses impulsos estão "atividades de substituição", atividades dirigidas a um objetivo artificial que as pessoas estabelecem para si mesmas apenas para trabalhar em direção a algo, em outras palavras, "apenas para a 'satisfação' que derivam da busca de um objetivo".

Ele afirma que a pesquisa científica é uma atividade substituta dos cientistas e que, por esta razão, "a ciência segue cegamente seu curso, sem consideração pelo bem-estar real da humanidade ou por qualquer outra medida, apenas para satisfazer as necessidades psíquicas dos cientistas e dos funcionários e empresários do governo que fornecem os fundos para suas pesquisas".

Análise Histórica

Nos parágrafos finais do manifesto, Kaczynski define cuidadosamente o que ele quer dizer com liberdade e faz o argumento de que seria "terrivelmente difícil reformar o sistema industrial de forma a evitar uma restrição cada vez maior de nossa liberdade".

Ele diz que "apesar de todos os seus avanços técnicos em relação ao comportamento humano, o sistema atual não alcançou resultados impressionantes no controle dos seres humanos" e prevê que "se o sistema conseguir ter um comportamento humano suficientemente sob controle, ele provavelmente sobreviverá". Caso contrário, ele entrará em colapso" e que "é muito provável que a questão seja resolvida nas próximas décadas". Dentro de quarenta a cem anos, saberemos mais". Ele oferece várias possibilidades distópicas para o tipo de sociedade que surgiria no primeiro caso. Ele afirma que, ao contrário da reforma, a revolução é possível, e pede aos leitores compassivos que iniciem uma tal revolução, usando duas estratégias: "fazer subir as tensões sociais para aumentar a probabilidade de colapso" e "desenvolver e propagar uma ideologia que se opõe à tecnologia".

Ele faz várias recomendações táticas, incluindo evitar a usurpação do poder político, evitar toda a cooperação dos esquerdistas e apoiar acordos de livre comércio para reduzir a economia mundial a uma economia mais frágil e unificada.

Ele conclui dizendo que este manifesto "retratou o esquerdismo em sua forma atual como um fenômeno característico de nosso tempo e como um sintoma da ruptura do processo de poder", mas que ele "não está em posição de afirmar com certeza que tais movimentos existiam antes do esquerdismo atual" e diz que "essa é uma questão importante à qual os historiadores devem prestar atenção".

Publicações relacionadas de Ted Kaczynski

Como uma crítica da sociedade tecnológica, o manifesto ecoa os críticos contemporâneos da tecnologia e industrialização, incluindo John Zerzan, Herbert Marcuse, Max Weber, Fredy Perlman, Jacques Ellul (cujo livro A Sociedade Tecnológica foi citado em um ensaio anônimo escrito por Kaczynski em 1971), Lewis Mumford, Neil Postman, e Derrick Jensen. A idéia da "ruptura do processo de poder" também ecoou os críticos sociais que enfatizaram a falta de trabalho significativo como a principal causa de problemas sociais, incluindo Mumford, Paul Goodman e Eric Hoffer (a quem Kaczynski se refere explicitamente).

O tema principal também foi abordado por Aldous Huxley em seu romance distópico o Admirável Mundo Novo, ao qual Kaczynski se refere. As idéias de "super-socialização" e "atividades substitutivas" fazem lembrar o livro Das Unbehagen in der Kultur de Freud e suas teorias de racionalização e sublimação (este último termo é usado três vezes no manifesto, e duas vezes em citações, para descrever as atividades substitutivas).

Em um artigo na Wired sobre os perigos da tecnologia, intitulado "Why The Future Doesn't Need Us", Bill Joy, co-fundador da Sun Microsystems, citou The Age of Spiritual Machines, de Ray Kurzweil, que cita uma passagem de Kaczynski sobre as formas de sociedade que poderiam surgir se o trabalho humano fosse completamente substituído pela inteligência artificial.

Joy escreveu que embora as ações de Kaczynski fossem "assassinas" e "na minha opinião criminalmente insanas", "por mais difícil que me custe admitir isso, ainda vi algum mérito no raciocínio naquela única passagem. Senti-me compelido a enfrentar isso".

O diário da Unabomber

Kaczynski tinha um diário para seu próprio uso, no qual ele também detalhava planos futuros de destruição. Os registros foram encontrados durante uma busca em sua cabine em 1996. No entanto, os registros revelaram-se ilegíveis porque Kaczynski tinha aplicado um algoritmo de criptografia que ele mesmo desenvolveu para manter as informações em segredo. A rotina de criptografia resultou em cadeias de números, traços e espaços anotados por Kaczynski em folhas de papelão em forma de anel.

O FBI e a CIA não conseguiram decifrar o código. A decriptação acabou sendo possível somente após uma nota de Kaczynski ter sido acidentalmente encontrada na qual ele indicava como a decriptação deveria ser feita. As setas e cores indicavam a rota de leitura e decifração. Além disso, a decifração teve que ocorrer em diferentes fases e ciclos.

De acordo com o especialista em criptografia Bruce Schneier, o algoritmo pode ser o mais complicado desde a Segunda Guerra Mundial. Kaczynski foi capaz de desenvolver este algoritmo por causa de sua formação acadêmica como matemático.

Rastreamento de Ted Kaczynski

Antes da publicação do manifesto, a esposa do irmão de Theodore Kaczynski havia instado ele a fazer algo a respeito das suspeitas de que Theodore era o Unabomber.

A reação inicial de David Kaczynski a isto foi desdenhosa, mas gradualmente ele começou a levar a possibilidade cada vez mais a sério, tendo lido o manifesto uma semana após sua publicação em setembro de 1995. David Kaczynski folheou antigos papéis familiares e encontrou cartas, escritas por Ted nos anos 70 e enviadas aos jornais, protestando contra o mau uso da tecnologia e contendo palavras semelhantes ao que foi encontrado no Manifesto Unabomber.

Antes da publicação do manifesto, o FBI havia realizado numerosas coletivas de imprensa para solicitar a ajuda do público na identificação do Unabomber. Eles estavam convencidos de que o atacante era da área de Chicago (onde ele começou seus ataques), que ele tinha trabalhado ou tinha algum relacionamento com Salt Lake City, e por volta de 1990 ele estava associado com a área da Baía de São Francisco.

Tanto esta informação geográfica quanto a escolha das palavras nos resumos do manifesto, que haviam sido publicados antes do aparecimento do manifesto inteiro, haviam persuadido a esposa de David Kaczynski, Linda, a instar seu marido a ler o manifesto. Depois que o manifesto foi publicado, o FBI recebeu mais de mil telefonemas por dia durante meses em resposta à oferta de uma recompensa de US$ 1 milhão por informações que levassem à identidade da Unabomber.

Um grande número de cartas também foi enviado para a Unidade Especial da UNABOM, alegando ser da Unabomber. Os milhares de pistas foram cuidadosamente examinados. Enquanto o FBI estava trabalhando em novas pistas, David Kaczynski contratou primeiro uma investigadora privada, Susan Swanson de Chicago, para rastrear cautelosamente o paradeiro de Ted. Os irmãos Kaczynski tinham se separado em 1990, e David não via Ted há dez anos. Mais tarde, David contratou Washington, D.C., o advogado Tony Bisceglie para organizar as provas coletadas por Swanson e para contatar o FBI, já que claramente não era fácil conseguir a atenção do FBI. Ele queria proteger seu irmão do perigo de uma batida do FBI, como havia acontecido em Ruby Ridge e Waco, porque ele sabia que Ted não teria nada a ver com o contato com o FBI e provavelmente reagiria de forma precipitada ou violenta.

No início de 1996, Tony Bisceglie entrou em contato com o antigo negociador de reféns e profiler do FBI Clinton R. Van Zandt. Bisceglie pediu a Van Zandt que comparasse o manifesto com as cópias digitadas das cartas manuscritas que David havia recebido de seu irmão. A análise de Van Zandt mostrou que havia uma "50/50% de chance" de que a mesma pessoa tivesse escrito tanto as cartas quanto o manifesto, que já estava em circulação pública há seis meses naquela época. Ele aconselhou o cliente de Bisceglie a entrar em contato com o FBI.

Em fevereiro de 1996, Bisceglie entregou ao FBI uma cópia do ensaio escrito em 1971 por Ted Kaczynski. Na sede da Unidade Especial da UNABOMB em São Francisco, o agente especial supervisor Joel Moss reconheceu imediatamente as semelhanças nos textos. David Kaczynski tinha tentado permanecer anônimo desde o início, mas logo sua identidade ficou conhecida e em poucos dias uma equipe de agentes do FBI foi enviada a Washington, D.C. para falar com David e sua esposa, juntamente com seu advogado. Nesta e em reuniões posteriores com a equipe, David enviou cartas escritas por seu irmão, em seus envelopes originais, para que a linha do tempo das atividades de Ted Kaczynski estabelecida pela Unidade Especial pudesse ser completada, usando datas de carimbo dos correios.

David entrou em contato próximo com o analista chefe de comportamento da Unidade Especial, a agente Kathleen M. Puckett, com quem ele se encontrou muitas vezes durante quase dois meses em Washington D.C., Texas, Chicago, e Schenectady, Nova York, antes que o mandado de busca federal baseado no comportamento fosse entregue na cabine de Theodore Kaczynski.

A prisão de Ted Kaczynski

Em 3 de abril de 1996, agentes prenderam Theodore Kaczynski em sua cabine remota perto de Lincoln, Montana, onde ele foi encontrado em estado desgrenhado. Entre as evidências encontradas na cabine estava uma bomba não explodida e o que parecia ser o manuscrito datilografado original do manifesto. O Unabomber foi o alvo de uma das buscas mais caras da história do FBI.

Os parágrafos 204 e 205 do mandado de busca e prisão do FBI para Kaczynski, mencionam que os "especialistas" - incluindo muitos acadêmicos consultados pelo FBI - acreditam que o manifesto foi escrito por "outra pessoa, não por Theodore Kaczynski". Como observado na declaração, apenas um punhado de pessoas acreditava que Theodore Kaczynski era o Unabomber antes que o mandado de busca revelasse a abundância de provas na cabine remota de Kaczynski. A declaração oficial sobre o mandado de busca, escrita pelo inspetor do FBI Terry D. Turchie, revela este desacordo e fornece provas chocantes da oposição a Turchie e seu pequeno grupo de agentes do FBI, incluindo Moss e Pucket - que estavam convencidos de que Kaczynski era o Unabomber - pelo resto da Unidade Especial UNABOM e pelo FBI em geral:

204. Seu Guardião do Juramento está ciente de que outros indivíduos conduziram uma análise do manuscrito da UNABOM e concluíram que o manuscrito foi escrito por outra pessoa e não por Kaczynski, que também foi um suspeito na investigação.205 Numerosas outras opiniões de especialistas foram dadas sobre a identidade do agressor Unabomb. Nenhuma dessas opiniões mencionou Theodore Kaczynski como um possível perpetrador.

David já havia admirado e perseguido seu irmão mais velho, mas mais tarde decidiu se distanciar do estilo primitivo de sobrevivência. O FBI havia lhe assegurado que permaneceria anônimo e que seu irmão não saberia quem o entregara, mas sua identidade foi divulgada à CBS News no início de abril de 1996.

O anfitrião da CBS, Dan Rather, ligou para o chefe do FBI, Louis Freeh, que pediu 24 horas de consideração antes da CBS divulgar a história durante o programa noticioso noturno. O FBI apressou-se a completar o mandado de busca e mandá-lo emitir por um juiz federal em Montana; depois, o FBI investigou o vazamento interno, mas a fonte do vazamento nunca foi encontrada. David doou o dinheiro da recompensa concedida, após deduzir suas próprias despesas, para as famílias das vítimas de seu irmão.

Procedimento legal

Os advogados de Kaczynski, liderados pelo defensor federal Michael Donahoe, tentaram que Kaczynski declarasse insano para salvar sua vida, mas Kaczynski rejeitou esse apelo. Um psiquiatra nomeado pelo tribunal diagnosticou Kaczynski como sofrendo de esquizofrenia paranóica, e declarou que ele tinha a capacidade de assistir ao julgamento. A família de Kaczynski disse que ele teria um "colapso" psicológico se fosse pressionado.

Uma câmara de acusação federal em abril de 1996 acusou Kaczynski de 10 acusações por transporte, envio e uso de bombas ilegais. Ele também foi acusado de homicídio culposo de duas pessoas na Califórnia e de uma terceira pessoa em Nova Jersey. Em 7 de janeiro de 1998, Kaczynski tentou se enforcar. Inicialmente, a equipe de acusação judicial do governo indicou que estava buscando a pena de morte para Kaczynski depois de ser autorizado pela Procuradora-Geral Janet Reno a fazê-lo. O advogado de David Kaczynski pediu clemência ao ex-agente do FBI, que havia demonstrado a semelhança entre o Manifesto Unabomber e Kaczynski - ele ficou horrorizado ao pensar que entregar seu irmão poderia levar à morte de seu irmão. Por fim, Kaczynski conseguiu escapar da pena de morte em 22 de janeiro de 1998, declarando-se culpado de todas as acusações do governo. Mais tarde, Kaczynski tentou reverter sua confissão de culpa, argumentando que ela tinha sido involuntária. O Juiz Garland Ellis Burrell Jr. negou seu pedido. O Tribunal de Apelação da Nona Circunscrição dos Estados Unidos manteve essa decisão.

No início da caça ao Unabomber nos Estados Unidos, foi pintado um quadro do perpetrador que era muito diferente do suspeito final. O Manifesto Unabomber usa consistentemente as palavras "nós" e "nós", e em um ponto de 1993, os investigadores estavam procurando alguém com o primeiro nome "Nathan", seguindo um rabisco encontrado em uma das bombas. Entretanto, quando o caso foi finalmente tornado público, as autoridades negaram que alguém além de Kaczynski já tivesse estado envolvido no caso. Explicações posteriores foram dadas por razões pelas quais Kaczynski havia escolhido algumas de suas vítimas.

Em 10 de agosto de 2006, o Juiz Garland Burrell Jr. ordenou que os objetos pessoais apreendidos em 1996 da cabine de Kaczynski em Montana fossem vendidos através de um "leilão suficientemente divulgado pela Internet". Os itens que o governo acreditava serem materiais para fazer bombas, tais como textos com imagens esquemáticas e "receitas" de bombas, foram excluídos da venda. O leiloeiro pagaria os custos e poderia manter 10% do preço de venda; o restante dos lucros seria usado para pagar parte da indenização de 15 milhões de dólares que Burdell havia imposto a Kaczynski a suas vítimas.

Entre os bens de Kaczynski que foram leiloados estavam seus escritos originais, diários, correspondência e outros documentos encontrados alegadamente em sua cabine. O juiz ordenou que todas as referências naqueles documentos que pertenciam às suas vítimas fossem removidas antes da venda. Kaczynski contestou as intervenções ordenadas no tribunal com base na Primeira Emenda, argumentando que qualquer alteração em seus escritos era uma interferência ilegal em sua liberdade de expressão.

Cumprir uma pena de prisão perpétua

Kaczynski está cumprindo uma pena de prisão perpétua, sem possibilidade de liberdade condicional, como detento número 04475-046 no ADX Florence, a Instalação Máxima Administrativa Federal (EBI) em Florence, Colorado. Quando perguntado se ele estava preocupado em ficar louco na prisão, Kaczynski respondeu:

Não, o que me preocupa é que eu possa, de certa forma, adaptar-me a este ambiente e ainda gostar daqui e não me ofender mais com ele. E estou preocupado que eu possa esquecer com o passar dos anos, que eu possa perder minhas memórias das montanhas e das florestas, é com isso que estou realmente preocupado, que eu possa perder essas memórias e perder aquele senso de contato com a natureza selvagem em geral. Mas não estou preocupado com o fato de que eles quebrarão meu espírito. - Ted Kaczynski,

Enquanto estava na prisão, Kaczynski era um escritor ativo. A Coleção Labadie, parte da Biblioteca de Coleções Especiais da Universidade de Michigan, abriga a correspondência de Kaczynski com mais de 400 pessoas desde sua prisão em abril de 1996, incluindo respostas do CC, documentos legais, publicações e recortes de jornais. Os nomes da maioria dos escritores de cartas permanecerão selados até 2049. Kaczynski também travou uma batalha na corte federal na Carolina do Norte por causa do leilão de seus diários e outras correspondências. Em 10 de janeiro de 2009, o Tribunal de Apelações dos EUA para a Nona Circunscrição em São Francisco, Califórnia, rejeitou os argumentos de Kaczynski de que a venda de seus escritos pelo governo afetou sua liberdade de expressão. Seus escritos, livros e outros bens serão vendidos on-line e os lucros beneficiarão algumas de suas vítimas.

A cabine de Kaczynski foi confiscada e armazenada em um armazém em local não revelado. A cabine deveria ser destruída, mas acabou sendo doada à Scharlette Holdman, uma investigadora da equipe de defesa da Kaczynski. Foi colocado em exposição no Newseum em Washington, D.C., a partir de julho de 2008. Em uma carta de três páginas para o Tribunal de Apelações do Nono Circuito dos Estados Unidos, Kaczynski se opôs à exibição pública da cabine, afirmando que era contrário a sua objeção de ser publicamente associado ao caso da UNABOM.

Em carta datada de 7 de outubro de 2005, Kaczynski ofereceu-se para doar dois livros raros à Melville J. Herskovits Library of African Studies no campus da Northwestern University em Evanston, Illinois, o local dos dois primeiros ataques. O destinatário, David Easterbrook, entregou a carta aos arquivos da universidade. A universidade recusou a oferta, observando que a biblioteca já possuía ambos os livros em inglês e não tinha necessidade de cópias duplicadas.

Kaczynski escreveu uma carta de um parágrafo criticando uma resenha de livro de István Deák; a carta foi publicada na New York Review of Books. Ele nunca respondeu às cartas mensais de seus parentes, que o denunciaram às autoridades.

11. Edmund Kemper

Anos de atividade: 1964-1973
País: Estados Unidos
Assassinatos cometidos: 8 confirmados
Punição: Vida na prisão

Edmund (Ed) Emil Kemper, nascido em Burbank, Califórnia, em 18 de dezembro de 1948) é um serial killer americano. Seu apelido era The Co-Ed Killer, porque ele matou um grande número de estudantes universitários.

Edmund Kemper nasceu em 18 de dezembro de 1948 em Burbank, Califórnia, filho do meio de E. E. e Clarnell Kemper. Após o divórcio de seus pais em 1957, ele se mudou para Montana com sua mãe e duas irmãs. Kemper teve um relacionamento difícil com sua mãe alcoólatra porque ela era muito crítica em relação a ele e ele a culpava por todos os seus problemas. Quando ele tinha 10 anos de idade, ela o obrigou a viver no porão, longe de suas irmãs, a quem ela temia que pudesse prejudicá-lo de alguma forma. Os sinais de problemas começaram a aparecer cedo. Kemper tinha uma vida de fantasia sombria e às vezes sonhava em matar sua mãe.

Ele cortou as cabeças das bonecas de suas irmãs e até mesmo forçou as meninas a jogar um jogo que ele chamou de "câmara de gás", no qual ele as vendou e as conduziu a uma cadeira, onde fingiu escrever em agonia até "morrer".

Suas primeiras vítimas foram os gatos da família. Aos dez anos, ele enterrou um deles vivo e o segundo, Kemper de 13 anos, foi abatido com uma faca. Ele foi morar com seu pai por um tempo, mas acabou voltando com sua mãe, que decidiu deixar o adolescente problemático viver com seus avós paternos em North Fork, Califórnia.

O assassinato de seus avós

Kemper odiava a vida na fazenda de seus avós. Antes de ir para North Fork, ele tinha começado a aprender sobre armas de fogo, mas seus avós lhe tiraram a arma depois que ele matou vários pássaros e outros pequenos animais. Em 27 de agosto de 1964, Kemper finalmente virou sua raiva de construção contra seus avós. O jovem de 15 anos atirou em sua avó na cozinha após uma discussão, e quando seu avô voltou para casa, Kemper saiu e atirou perto de seu carro e depois escondeu o corpo.

Em seguida, ele ligou para sua mãe, que lhe disse para chamar a polícia e contar-lhes o que aconteceu. Mais tarde, Kemper diria que tinha atirado em sua avó "para ver como se sentia". Ele acrescentou que havia matado seu avô para que o homem não tivesse que descobrir que sua esposa havia sido assassinada.

Por seus crimes, Kemper foi entregue à Autoridade da Juventude da Califórnia. Ele passou por vários testes, que determinaram que ele tinha um QI muito alto, mas também sofria de esquizofrenia paranóica. Kemper acabou sendo enviado para o Hospital Estadual Atascadero, uma instalação de segurança máxima para os doentes mentais.

A libertação após o primeiro assassinato

Em 1969, Kemper foi lançado aos 21 anos de idade. Apesar da recomendação de seus médicos da prisão de não viver com sua mãe por causa de seus abusos anteriores e seus problemas de saúde mental com ela, ele voltou para ela em Santa Cruz, Califórnia, onde ela se mudou após terminar seu terceiro casamento para aceitar um emprego na Universidade da Califórnia. Enquanto lá, ele freqüentou a faculdade comunitária por algum tempo e trabalhou em vários empregos, eventualmente encontrando um emprego no Departamento de Transportes em 1971.

Kemper tinha pedido para se tornar um soldado estadual, mas foi rejeitado por causa de seu tamanho - ele pesava cerca de 300 libras e tinha 6 pés e 9 polegadas de altura, o que levou a seu apelido de "Big Ed". No entanto, ele andava por perto dos policiais de Santa Cruz. Um lhe deu um crachá de escola de treinamento e algemas, enquanto outro, disse ele, lhe emprestou uma arma que combate monstros de Robert K. Ressler e Tom Shachtman.

No mesmo ano em que começou a trabalhar para o departamento de rodovias, Kemper foi atropelado por um carro enquanto estava em sua motocicleta. Seu braço ficou gravemente ferido e ele recebeu um acordo de 15.000 dólares na ação civil que apresentou contra o motorista do carro. Incapaz de trabalhar, Kemper voltou-se para outras atividades.

Ele viu um grande número de mulheres jovens pedindo carona na região. No novo carro que ele comprou com parte de seu dinheiro do acordo, Kemper começou a armazenar as ferramentas que ele achava que precisaria para satisfazer seus desejos assassinos, incluindo uma arma, uma faca e algemas.

O Assassino Co-ed

No início, Kemper pegou carona de mulheres e as soltou. Entretanto, quando ele ofereceu uma carona a duas estudantes de Fresno State - Mary Ann Pesce e Anita Luchessa - elas nunca chegariam ao seu destino. Suas famílias relataram que elas desapareceram pouco depois, mas nada seria conhecido sobre seu destino até 15 de agosto, quando uma cabeça feminina foi descoberta na floresta perto de Santa Cruz e mais tarde identificada como a de Pesce. Os restos mortais de Luchessa, no entanto, nunca foram encontrados. Kemper explicaria mais tarde que ele tinha esfaqueado e estrangulado Pesce antes de também apunhalar Luchessa.

Após os assassinatos, ele trouxe os corpos de volta ao seu apartamento e retirou suas cabeças e mãos. Mais tarde naquele ano, em 14 de setembro de 1972, Kemper pegou Aiko Koo, de 15 anos, que havia decidido pedir carona em vez de esperar o ônibus para levá-la a uma aula de dança. Em janeiro de 1973, Kemper continuou seus impulsos assassinos e pegou a carona de Cindy Schall, que ele atirou e matou.

Enquanto sua mãe estava fora, Kemper foi até sua casa e escondeu o corpo de Schall em seu quarto. Ele dissecou lá o corpo dela no dia seguinte e jogou as partes no oceano. Várias partes foram descobertas mais tarde, quando foram banhadas em terra. Ele enterrou a cabeça dela no quintal de sua mãe. Em 5 de fevereiro de 1973, Kemper usou um adesivo de estacionamento do campus que sua mãe lhe havia dado para facilitar um duplo assassinato. Ele dirigiu até a universidade, onde ofereceu uma carona a dois estudantes, Rosalind Thorpe e Alice Liu. Pouco depois de buscá-las, ele atirou nas duas jovens e depois passou pela segurança do campus aos portões com as duas mulheres mortalmente feridas em seu carro. Após os assassinatos, Kemper decapitou suas duas vítimas e desmembrou ainda mais os corpos, retirando as balas de suas cabeças e descartando suas partes em vários locais.

Em março, alguns dos restos mortais de Thorpe e Liu foram descobertos por caminhantes perto da Rodovia 1 no condado de San Mateo. Na época dos assassinatos de Kemper, dois outros assassinos em série, John Linley Frazier e Herbert Mullins, também estavam cometendo seus próprios crimes na área, o que levou a Santa Cruz a receber o apelido difamatório "Capital do Assassinato" na imprensa. Para Kemper, ele foi chamado de "Co-ed Killer" e o "Co-ed Butcher".

O assassinato de sua mãe

Em abril de 1973, Kemper cometeu o que seriam seus dois últimos assassinatos. Na Sexta-feira Santa, ele foi para a casa de sua mãe, onde os dois tiveram uma troca desagradável. Kemper atacou sua mãe depois que ela foi dormir, primeiro batendo na cabeça dela com um martelo e depois cortando a garganta dela com uma faca. Como havia feito com suas outras vítimas, ele então a decapitou e cortou suas mãos, mas depois também removeu sua laringe e a colocou no triturador de lixo. Após esconder as partes do corpo de sua mãe, Kemper chamou a amiga de sua mãe Sally Hallett e a convidou para ir à casa. Kemper estrangulou Hallett pouco depois que ela chegou e escondeu seu corpo em um armário. Kemper fugiu da área no dia seguinte e dirigiu para o leste até chegar a Pueblo, Colorado, onde chamou a polícia de Santa Cruz no dia 23 de abril para confessar seus crimes. No início eles não acreditavam que o homem que conheciam como "Big Ed" fosse um assassino. Mas durante os interrogatórios posteriores, ele os levaria a todas as provas que precisavam para provar que ele era, de fato, o notório "Co-ed Killer".

Julgamento e prisão

Acusado de oito acusações de homicídio em primeiro grau, Kemper foi a julgamento por seus crimes em outubro de 1973. Ele foi considerado culpado de todas as acusações no início de novembro. Quando o juiz lhe perguntou qual deveria ser sua sentença, Kemper disse que ele deveria ser torturado até a morte. Ao invés disso, ele recebeu oito sentenças de prisão perpétua simultâneas. Atualmente, Kemper está cumprindo sua pena nas instalações médicas da Califórnia em Vacaville.

12. Richard Ramirez

Anos de atividade: 1984-1985
País: Estados Unidos
Assassinatos cometidos: 13 confirmados
Punição: Condenado à morte, mas morreu cedo devido a falência hepática

Ricardo Leyva Muñoz (Richard) Ramirez, nascido em El Paso, Texas, em 29 de fevereiro de 1960 e morto em Greenbrae, Califórnia, em 7 de junho de 2013 foi um assassino em série americano condenado por uma série de assassinatos, roubos e estupros que cometeu em 1984 e 1985. Em 31 de agosto de 1985, uma semana após seu último assassinato, ele foi preso. Ele foi condenado à morte 19 vezes, mas morreu de insuficiência hepática no Hospital Greenbrae, na Califórnia.

O Modus Operandi de Richard Ramirez

Ramirez, também conhecido como The Night Stalker, aterrorizou a
Califórnia nos anos 80. Ele cometeu uma série de assassinatos,
geralmente usando roupas totalmente pretas, invadindo casas aleatórias
durante a noite. Primeiro, ele eliminou os homens presentes com uma
bala na cabeça. Depois ele se voltou para a mulher que ele estuprou em
alguns casos.

Se a mulher resistisse, ele a mataria, se não a vida dela às vezes era
poupada. Ele geralmente cometia os assassinatos com o primeiro objeto
que estava por perto.

Uma vítima foi morta com um martelo, outra ele cortou os olhos. Uma vez
ele levou um pedaço do corpo de uma vítima para casa para mandá-lo
pelo correio para sua casa no dia seguinte. É notável (e excepcional para
assassinos em série) que Ramirez nem sempre matou suas vítimas após
ter abusado severamente ou violado delas, isto ajudou a garantir que uma
boa descrição dele pudesse ser feita rapidamente.

A serviço de Satanás

Ramirez adorava o diabo. Ele alegou trabalhar ao serviço de Satanás e
assegurar-se de um lugar no inferno através de seus assassinatos. Durante
seu julgamento, ele chocou a audiência pela enésima vez, desenhando o
sinal do diabo em sua mão e mostrando-o sorrindo para a imprensa
presente.

Infância difícil e influências

Ramirez cresceu no Texas em uma família com regras muito rígidas.
Quando criança, ele tinha que freqüentar semanalmente a igreja, o que
mais tarde ele desprezou. Sua mãe trabalhava em um ambiente insalubre,
o que era um risco durante sua gravidez. Ela deu à luz a dois filhos
deficientes, uma filha saudável, e Richard, que inicialmente parecia
saudável.

Sua mãe o descreveu como uma criança muito feliz que gostava de cantar
e dançar. Em seus primeiros anos de vida, ele sofreu graves ferimentos na
cabeça devido a uma queda, que o deixou sem oxigênio por algum tempo,
com possíveis conseqüências prejudiciais. Seu pai era um homem rigoroso
que batia regularmente em seus filhos com um cinto.

Um primo mais velho de Richard, Mike Valdez, um veterano do Vietnã
frequentemente condecorado, levou jovens garotas para a selva,
amarrou-as, violou-as e as matou.

Ele tirou antes e depois fotos de suas vítimas e as mostrou a Ramirez
quando ele tinha 11 anos. O mesmo primo enfiou uma bala na cabeça de
sua esposa um ano depois, na frente de Ramirez....

Os primeiros assassinatos

Em 10 de abril de 1984, Richard Ramirez raptou a menina de 9 anos Mei
Leung. Ele a estuprou, esfaqueou-a até a morte e a deixou no porão de
um hotel em São Francisco. Só em 2010 foi provado que Ramirez estava
envolvido neste assassinato através de material de DNA. Ramirez
cometeu seu segundo assassinato em Los Angeles, em 28 de junho de
1984. A vítima foi Jennie Vincow, uma mulher de 79 anos. Ele a assassinou
e estuprou.

Em 17 de março de 1985, ele matou outra vítima e tentou matar também
sua colega de quarto, mas ela sobreviveu ao ataque e deu uma descrição
completa à polícia. Menos de uma hora depois, ele assassinou uma
mulher de trinta anos, arrastando-a de seu carro e atirando nela. Ela
morreu antes da chegada da ambulância.

Em 27 de março, ele assassinou um homem de 64 anos e sua esposa. O
método de matar, neste caso, foi particularmente cruel. De acordo com a
polícia, ele bateu no rosto da mulher até que ela finalmente desmaiou.
Depois ele trabalhou no corpo com uma faca e arrancou os olhos dela. Os
corpos foram encontrados por seu filho.

Sua descrição distinta

Após uma tentativa de assassinato, a mídia recebeu uma descrição de
Ramirez. Ele foi descrito como tendo cabelos longos encaracolados, olhos
salientes e dentes ruins. Eles o chamavam de "O Intruso do Vale" ou "A
Caminhada do Assassino". Mais tarde isto se tornou "O Perseguidor
Noturno".

A foto de Ramirez foi distribuída e estava realmente em todos os lugares:
na televisão, na primeira página de cada jornal. O Night Stalker
desconhecia isso e tomou o ônibus para visitar seu irmão em Tucson,

Arizona. Ele viu vários companheiros de viagem lendo jornais com a imagem de seu rosto neles, foi (não surpreendentemente) identificado, e entrou em pânico. Ramirez decolou, mas foi reconhecido em quase todas as esquinas. A certa altura ele até encontrou um grupo de idosos de ascendência mexicana, que o perseguiram e continuaram gritando "el matador" (o assassino). Parecia muito que o Night Stalker ia ser linchado por uma multidão enfurecida, mas a polícia pôs um fim a isso. Finalmente, Richard Ramirez foi detido.

Julgamento e popularidade

O julgamento contra Ramirez não teve muito a dizer sobre o conteúdo, pois havia testemunhas suficientes e era óbvio que ele seria condenado. No entanto, o Perseguidor Noturno fez uma bela declaração no tribunal.

Bem conhecido é, por exemplo, o momento em que Ramirez decidiu desenhar um pentagrama em sua palma da mão, que ele então mostrou a todos e, é claro, a mídia avidamente fez uso dele. Menos conhecido, no entanto, é que o Perseguidor Noturno supostamente planejava atirar no Procurador da República. Os guardas tinham ouvido isso na prisão, após o que as autoridades decidiram colocar detectores de metais em todos os lugares e em nenhum outro lugar para frustrar o plano de Ramirez.

Nos Estados Unidos, você só tem um significado real quando todo o país sabe seu nome, e esse era certamente o caso do Night Stalker.Ramirez dificilmente poderia aparecer em público ou ele veria os peitos nus das groupies.Hordas de jovens adultas despejadas sobre o assassino em série e entre sua prisão e sua eventual condenação, o Night Stalker alegadamente tinha quinze namoradas diferentes.

Em 14 de agosto de 1988, uma das juradas, Phyllis Singletary, não compareceu ao tribunal. O alarme foi imediatamente dado e Singletary foi encontrada morta em seu apartamento. Os outros jurados ficaram aterrorizados: poderia o Perseguidor da Noite ter feito isso? Ramirez estava na prisão, não estava? Será que ele possuía poderes psíquicos? Não, Singletary acabou por cometer suicídio.

No final, Ramirez foi considerado culpado de todas as acusações: treze assassinatos, cinco tentativas de assassinato, onze estupros e quatorze assaltos. Em 7 de novembro de 1989, ele foi, portanto, condenado à morte em uma câmara de gás da Califórnia.

Isso não impediu suas groupies, no entanto, e uma delas mordeu muito enfaticamente sobre o Night Stalker. Doreen Lioy escreveu sua 'musa' 75 cartas de amor e a certa altura a centelha foi acesa. Em 3 de outubro de 1996, os pombinhos se casaram em San Quentin, onde Ramirez aguardava a pena de morte. Lioy fez saber várias vezes que ela cometeria suicídio se seu parceiro estivesse realmente gaseado. O casamento entre os dois não durou, no entanto, como em 2009 Doreen deixou Richard após testes de DNA revelarem que ele havia violado e assassinado Mei Leung no porão de um hotel de São Francisco. Solitário, porém, não conseguiu o Night Stalker, pois mais tarde ele ficou noivo de Christine Lee, uma escritora trinta anos mais jovem.

A Morte de Richard Ramirez

A pena de morte nunca foi executada em Ramirez. Ele apelou repetidamente de sua sentença, e estes casos duraram tanto tempo que (de acordo com os informantes) o mais cedo que ele deveria entrar na câmara de gás foi aos 70 anos de idade. O Night Stalker não chegou a essa idade, pois morreu de insuficiência hepática, devido ao câncer aos 53 anos de idade no Marin General Hospital em Greenbrae, Califórnia. A hepatite C e os efeitos do uso da heroína de Ramirez também desempenharam um papel em sua morte.

13. David Berkowitz

Anos de atividade: 1976-1977
País: Estados Unidos
Assassinatos cometidos: 6 confirmados
Punição: Seis sentenças de prisão perpétua

David Richard Berkowitz, nascido Richard David Falco, nascido em Nova York, em 1º de junho de 1953 é um serial killer e piromaníaco americano.

David Berkowitz, também conhecido como Filho de Sam e .44 Caliber Killer, é um serial killer e piromaníaco americano. Em 1976 e 1977, ele aterrorizou a cidade de Nova York e após sua prisão em 77 confessou seis assassinatos e infligiu sete feridos em oito tiroteios.

Ele alegou que o cão do vizinho o havia incitado às suas ações porque a criatura estava supostamente possuída por um demônio.

A juventude de David Berkowitz

David Richard Berkowitz (nome de nascimento Richard David Falco) nasceu em 1º de junho de 1953, no bairro do Brooklyn, na cidade de Nova York, onde também cresceu. Sua mãe Elizabeth "Betty" Broder veio de uma família judia e era garçonete. Em 1936, Broder casou-se com Tony Falco, um italiano americano, mas seu casamento não foi duradouro. Na verdade, após quatro anos, Falco deixou Elizabeth por outra mulher.

Em 1950, Broder iniciou um relacionamento com outro homem chamado Joseph Klineman. Três anos depois, ela ficou grávida de uma criança que, por razões pouco claras, decidiu dar o sobrenome Falco. Alguns dias após o nascimento de David, porém, ela decidiu dar seu filho, alegadamente porque Klineman ameaçou deixá-la se ela não o fizesse. Além disso, o homem não queria que seu filho tivesse seu sobrenome.

Pearl e Nathan Berkowitz, do Bronx, decidiram adotar o menino. Este casal judeu americano lidava com hardware e os dois já eram de meia-idade. O casal decidiu mudar o nome de David, de Richard David Falco para David Richard Berkowitz. O menino foi criado sem irmãos.

De acordo com o jornalista John Vincent Sanders, a infância do Berkowitz foi bastante problemática. Ele era bastante inteligente, mas não aprendia e era atraído pelo crime: ele roubava e começava pequenos incêndios. Vizinhos e família acharam o pequeno David uma criança difícil; ele foi descrito como mimado e um valentão. Seus pais adotivos consultaram um psicólogo pelo menos uma vez, mas seu comportamento nunca levou a uma hospitalização oficial ou a problemas na escola.

Quando David tinha 14 anos de idade, sua mãe adotiva Betty morreu de câncer de mama. Sua relação com seu pai adotivo deteriorou-se posteriormente porque ele não se dava bem com a nova esposa de

Nathan. Apesar disso, ele obteve seu diploma do ensino médio na Escola Secundária Cristóvão Colombo e estudou na universidade por um tempo. Entretanto, Berkowitz descobriu que isto não era para ele, então ele entrou no exército aos 17 anos de idade. Ele serviu na Coréia do Sul e recebeu uma dispensa honrosa em 1974.

Depois de seu tempo como soldado, David localizou sua mãe biológica Betty, que lhe contou as entradas e saídas sobre seu nascimento. Isto foi um choque para Berkowitz, que então saiu completamente fora dos trilhos. Ele freqüentou aulas no Bronx Community College por um ano, mas foi trabalhar como motorista de táxi na Co-Op City Taxi Company em 1976. David teve todos os problemas do mundo para manter um emprego e se tornou um grande candidato a um emprego. Na época de sua prisão, em 1977, ele trabalhava como agente de distribuição de correio para o Serviço Postal dos Estados Unidos.

As vítimas de David Berkowitz

Em meados da década de 1970, David Berkowitz começou a cometer crimes violentos. Em sua primeira tentativa de assassinato, ele usou uma faca, mas esta falhou e, por isso, decidiu usar uma arma no futuro. O "gosto" de Berkowitz tornou-se cada vez mais intenso e ele embarcou numa verdadeira onda de assassinatos no Bronx, Queens e Brooklyn. Ele visava principalmente mulheres brancas jovens e atraentes, com cabelos longos, escuros e ondulados. Ele geralmente fazia duas vítimas por crime, e Berkowitz se tornou especialmente famoso (leia-se: infame) porque cada vez mais ele virava sua mira para as meninas sentadas com seus namorados em carros estacionados. Ele freqüentemente voltava para o local do crime mais tarde também.

Michelle Forman (15 anos) e mulher latino-americana desconhecida

Berkowitz tinha apenas 22 anos de idade quando matou suas primeiras vítimas. Na véspera de Natal de 1975, ele atacou duas mulheres com uma faca de caça. Uma vítima, uma mulher de ascendência latino-americana, nunca foi identificada. A outra era Michelle Forman, então com 15 anos, uma caloira da Escola Secundária Truman. Berkowitz a atacou numa ponte próxima ao Dreiser Loop e seus ferimentos foram tão graves que ela foi transferida para o hospital, onde permaneceu por uma semana para se recuperar. Ambas as mulheres sobreviveram ao ataque.

Donna Lauria (18 anos) e Jody Valenti (19 anos)

Isto levou Berkowitz a mudar seu modus operandi: ele começou a usar uma arma. Às 1:10 da manhã de 29 de julho de 1976, Donna Lauria e seu amigo Jody Valenti (ambos trabalhando no hospital) estavam em um carro estacionado perto de Peachtree's, uma boate em New Rochelle. Lauria abriu a porta de seu carro e viu um homem se aproximando. Ela ficou assustada e gritou: "O que é isto!". O homem, Berkowitz, puxou sua arma de fogo de um saco de papel e abriu fogo. Donna foi atingida uma vez, mas morreu instantaneamente. Valenti também foi atingida, embora na coxa, e uma terceira bala falhou as duas mulheres. Jody sobreviveu ao incidente e foi capaz de dar à polícia uma descrição de seu agressor, que ela disse ter 1,73 metros de altura, pesava cerca de 91 kg e tinha cabelo curto e escuro.

Carl Denaro (20 anos) e Rosemary Keenan (18 anos)

Em 23 de outubro de 1976, ocorreu um tiroteio semelhante; desta vez com Carl Denaro (segurança) e Rosemary Keenan (estudante do Queens College) como vítimas. Os dois pombinhos estavam sentados silenciosamente em um carro quando as janelas "explodiram" de repente. Denaro foi atingido na cabeça, mas Keenan sofreu apenas ferimentos na carne devido ao vidro voador. Ambos sobreviveram ao ataque, mas Carl tinha uma placa de metal colocada em sua cabeça para substituir parte de seu crânio.

Donna DeMasi (16 anos) e Joanne Lomino (18 anos)

Em 27 de novembro de 1976, os alunos do ensino médio Donna DeMasi e Joanne Lomino tinham acabado de terminar uma noite de cinema quando estavam na varanda da casa de Lomino revendo o filme. Um homem se aproximou dos dois e disse: "Você poderia me dizer..."? Antes de terminar sua frase, ele puxou um revólver. Ambas as jovens foram atingidas uma vez, mas sobreviveram ao incidente. Lomino, entretanto, foi atingida nas costas, deixando-a paralisada.

Christine Freund (26 anos) e John Diel (30 anos)

Às 00:40 do dia 30 de janeiro de 1977, a secretária Christine Freund e seu noivo John Diel, barman, estavam sentados no carro de Diel, perto da estação LIRR de Forest Hills, em Queens. Eles tinham acabado de assistir ao filme Rocky e estavam planejando ir dançar. Entretanto, Berkowitz abriu fogo sobre eles e três balas penetraram em seu carro. Duas delas atingiram Freund, que morreu várias horas depois no hospital. Diel foi apenas pastado e conseguiu escapar.

Virgínia Voskerichian (19 anos)

Às 19h30 do dia 8 de março de 1977, Virginia Voskerichian, uma estudante universitária, estava a caminho de casa da Universidade de Columbia. Ela foi emboscada por um homem armado e, numa tentativa de salvar-se, Voskerichian levantou seus livros didáticos no ar. O papel, no entanto, não era páreo para a bala que a atravessou e a atingiu. Ela estava morta instantaneamente.

Alexander Esau (20 anos) e Valentina Suriani (18 anos)

Às 03h00 do dia 17 de abril de 1977, Alexander Esau, motorista de reboque, e Valentina Suriani, aspirante a atriz e modelo, estavam no carro de Suriani no Bronx. Ambos foram atingidos por duas balas. Suriani morreu no local e Esau sofreu o mesmo destino, mas morreu no hospital algumas horas após o tiroteio.

Sal Lupo (20 anos) e Judy Placido (17 anos)

Em 26 de junho de 1977, ocorreu o próximo tiroteio. Desta vez, Sal Lupo, uma mecânica, e Judy Placido, que acabara de receber seu diploma do ensino médio, foram as vítimas. Eles tinham acabado de sair da boate Elephas em Bayside, Queens, quando Berkowitz começou a atirar neles. Lupo foi atingido em seu antebraço direito e Plácido em sua cabeça, pescoço e ombro. Ambos, no entanto, sobreviveram ao ataque.

Stacy Moskowitz (20 anos) e Robert Violante (20 anos)

A secretária Stacy Moskowitz e o vendedor de roupas Robert Violante foram as últimas vítimas do Berkowitz. Eles também estavam em um carro, após seu primeiro encontro, beijando-se apaixonadamente, quando o fogo foi aberto sobre eles. Tanto Moskowitz quanto Violante foram atingidos na cabeça, mas apenas a jovem foi fatalmente atingida. Robert exigiu uma cirurgia de emergência e perdeu um olho.

As cartas de David Berkowitz

David Berkowitz escreveu duas cartas. Uma foi encontrada perto dos corpos de suas vítimas Esau e Suriani e foi escrita em sua maioria em letras maiúsculas. Outra carta ele endereçou ao colunista do Daily News Jimmy Breslin.

A primeira carta

Estou profundamente magoado por você me chamar de odiadora de mulheres. Eu não odeio. Mas eu sou um monstro. Eu sou o Filho de Sam. Eu sou um pirralho. Quando o pai Sam fica bêbado, ele fica mau. Ele bate em sua família. Às vezes ele me amarra na parte de trás da casa. Outras vezes, ele me tranca na garagem. Sam adora beber sangue. Sai e mata" comanda o pai Sam. Atrás de nossa casa, descansa um pouco. Na maioria das vezes jovens violados e abatidos - seu sangue drenado - só ossos agora.

Papa Sam também me mantém trancado no sótão. Não consigo sair, mas olho pela janela do sótão e vejo o mundo passar. Sinto-me como um forasteiro. Estou em um comprimento de onda diferente do que todos os outros programados matam demais. Entretanto, para me impedir, é preciso me matar. Atenção a todos os policiais: Atirem em mim primeiro para matar ou então.

Fique fora do meu caminho ou você vai morrer! Papa Sam está velho agora. Ele precisa de um pouco de sangue para preservar sua juventude. Ele já teve muitos ataques cardíacos. Demasiados ataques cardíacos. "Ugh, me hoot it urts sonny boy". Eu sinto falta da minha linda princesa acima de tudo. Ela está descansando na casa de nossas senhoras, mas a verei em breve. Eu sou o Monstro - Belzebu - o Boca Gorda. Eu adoro caçar. Andando pelas ruas em busca de uma caça justa - carne saborosa.

O limão de Queens é z bonito de todos. Eu devo ser a água que eles bebem. Eu vivo para a caça - minha vida. Sangue para o papai. Sr. Borrelli, senhor, não quero mais matar, não mais senhor, mas devo, honrar seu pai. Eu quero fazer amor com o mundo. Eu amo as pessoas. Eu não

*pertenço à Terra. Devolva-me a yahoos. Para o povo de Queens, eu te
amo. E eu quero desejar a todos vocês uma Páscoa feliz. Que Deus os
abençoe nesta vida e na próxima e, por enquanto, digo adeus e boa noite.
Polícia - Deixe-me assombrá-los com estas palavras; eu voltarei! Eu
voltarei! Para ser interpretado como - bang, bang, bang, banco, bang-
ugh!! Teu em assassinato Sr. Monstro*

A segunda carta de David Berkowitz

*Olá das sarjetas de N.Y.C. que estão cheias de esterco de cachorro,
vômito, vinho envelhecido, urina e sangue. Olá dos esgotos de N.Y.C. que
engolem estas iguarias quando são lavadas pelos caminhões varredores.
Olá das rachaduras nas calçadas de N.Y.C. e das formigas que habitam
nestas rachaduras e se alimentam do sangue seco dos mortos que se
instalaram nas rachaduras. J.B., estou apenas lhe deixando uma linha
para que saiba que aprecio seu interesse por essas mortes recentes e
horrendas .44. Também quero lhe dizer que leio sua coluna diariamente e
a considero bastante informativa.*

*Diga-me Jim, o que você terá para o dia vinte e nove de julho? Você pode
me esquecer, se quiser, porque não me importo com a publicidade. No
entanto, você não deve esquecer Donna Lauria e também não pode deixar
o povo esquecê-la. Ela era uma garota muito, muito doce, mas Sam é um
rapaz sedento e ele não me deixará parar de matar até que ele fique cheio
de sangue. Sr. Breslin, senhor, não pense isso porque não tem notícias
minhas há algum tempo que eu fui dormir. Não, ao contrário, eu ainda
estou aqui.*

*Como um espírito vagando a noite. Sedento, faminto, raramente pára
para descansar; ansioso para agradar a Sam. Eu amo meu trabalho.
Agora, o vazio foi preenchido. Talvez um dia nos encontremos cara a cara,
ou talvez eu seja arrebatado pela polícia com .38's de fumaça. Tanto faz,
se eu tiver a sorte de conhecê-lo, contarei tudo sobre Sam, se você quiser,
e o apresentarei a ele. Seu nome é "Sam, o terrível". Sem saber o que o
futuro nos reserva, me despedirei e o verei no próximo trabalho. Ou devo
dizer que você verá meu trabalho manual no próximo emprego? Lembre-
se da Sra. Lauria. Obrigada, Sra. Lauria.*

*Em seu sangue e da sarjeta "A criação de Sam" .44 Aqui estão alguns
nomes para ajudar você. Encaminhe-os ao inspetor para uso da N.C.I.C: 'O*

Duque da Morte' 'O Má Rei Wicker' 'Os Vinte e Dois Discípulos do Inferno' 'John Wheaties' - Violador e Sufocador de Meninas. PS: Por favor, informe todos os detetives que trabalham na matança para que permaneçam. P.S: JB, por favor informe a todos os detetives que trabalham no caso que lhes desejo a melhor das sortes. Mantenha-os a cavar, dirija, pense positivo, desça do traseiro, bata em caixões, etc.". Ao ser capturado, prometo comprar um novo par de sapatos para todos os funcionários que trabalham no caso, se eu conseguir levantar o dinheiro. Filho de Sam

Suspeita

Cacilia Davis estava passeando seu cão no local onde Moskowitz e Violante foram baleados, quando viu um policial escrevendo uma multa de estacionamento. Ela então encontrou um homem que a estava estudando atentamente.

 Inicialmente, ela não informou à polícia, mas quatro dias depois o fez. As autoridades investigaram e encontraram o carro de Berkowitz, um Ford Galaxie de 1970. O detetive James Justis, da polícia de NY, emitiu um mandado de prisão para Berkowitz, querendo interrogá-lo. Outra delegacia de polícia (a de Yonkers) foi chamada para localizar o possível perpetrador.

A prisão e confissão

A prisão correu bem, pois em 9 de agosto de 1977, o mandado foi emitido e um dia depois, em 10 de agosto, Berkowitz foi pego no colarinho. Em seu carro, a polícia encontrou um rifle no banco de trás, uma mochila cheia de munição, mapas dos locais do crime e uma carta ameaçadora dirigida ao inspetor Timothy Dowd da Omega Task Force. Berkowitz não se deixou apanhar facilmente, mas quando o Detetive John Falotico apontou uma arma para sua têmpora, ele cooperou de qualquer maneira. Então também foi encontrado um saco de papel, contendo um revólver com munição de calibre 44 (a arma que o Filho de Sam usou em suas mortes). Berkowitz não minou palavras e disse aos oficiais: "Bem... vocês me pegaram!".

Berkowitz estava especialmente orgulhoso de seus assassinatos, tornou-se claro outro dia mais tarde, em 11 de agosto. Ele só teve que ser interrogado por 30 minutos antes de confessar todos os seus assassinatos. Ele tinha uma explicação notável para isto, pois disse a seus interrogadores que o cão de seu vizinho o havia instruído a matar pessoas. O animal estava possuído por um demônio, disse o assassino em série.

Julgamento

Três psiquiatras diferentes testemunharam que o Berkowitz tinha a capacidade mental de comparecer perante um juiz. Seus advogados o aconselharam a alegar insanidade, mas o assassino recusou. Em 8 de maio de 1978, ele compareceu no tribunal e o veredicto aconteceu algumas semanas depois. Em 12 de junho de 1978, Berkowitz foi sentenciado a 25 anos de prisão por assassinato.

Prisão

Inicialmente Berkowitz estava alojado em uma instalação psiquiátrica, parte do Kings County Hospital, mas lá ele se comportou mal de tal forma que os funcionários soaram o alarme. O Filho de Sam foi transferido para a famosa prisão de Sing Sing e mais tarde para o Estabelecimento Correcional Clinton, onde foi examinado mental e fisicamente. Ele foi então designado para uma cela na Ática, mais uma prisão.

Berkowitz não gostou de estar lá e chamou sua estadia na Ática de "um pesadelo". Em 1979, um companheiro de prisão tentou matá-lo; seu pescoço foi cortado de orelha a orelha, mas ele sobreviveu ao ataque.

Em 2021, Berkowitz reside no Estabelecimento Correcional Shawangunk, em Nova York.

Liberdade condicional

De acordo com a ordem judicial de 1978, o Berkowitz pode requerer a liberdade condicional a cada dois anos, e a primeira audiência sobre isso ocorreu em 2002. Na ocasião, o assassino em série escreveu uma carta a George Pataki, então governador de Nova York, expressando pesar. Nela ele declarou, entre outras coisas, "Se eu for honesto, mereço uma sentença de prisão perpétua". Com a ajuda de Deus, há muito tempo que aceito isso". Mesmo assim, ele esperava ser libertado, mas isto foi rejeitado. Em uma nova audiência em 2016, Berkowitz disse ao tribunal que "não se via como um perigo para a sociedade", e em 2018 ele tentou novamente, sem sucesso. Na verdade, uma nova audiência deveria ter sido realizada em maio de 2020, mas foi cancelada por causa do coronavírus.

Culto satânico

Berkowitz voltou mais tarde à sua confissão. Em 1979, ele enviou um livro sobre bruxaria à polícia no Dakota do Norte. Na prisão, ele alegou ter aderido a um culto satânico em 1975, e em 1993 ele acrescentou que havia cometido apenas três dos assassinatos do Filho de Sam. Berkowitz alegou que vários membros do culto tinham estado presentes nos tiroteios e mencionou, entre outros, os nomes de John e Michael Carr (os filhos do dono do "cão demônio"), outro membro que ele chamou de "Manson II" (depois de Charles Manson), e além disso ele disse que também havia um membro feminino de seu culto. No entanto, isto nunca foi provado.

14. Aileen Wuornos

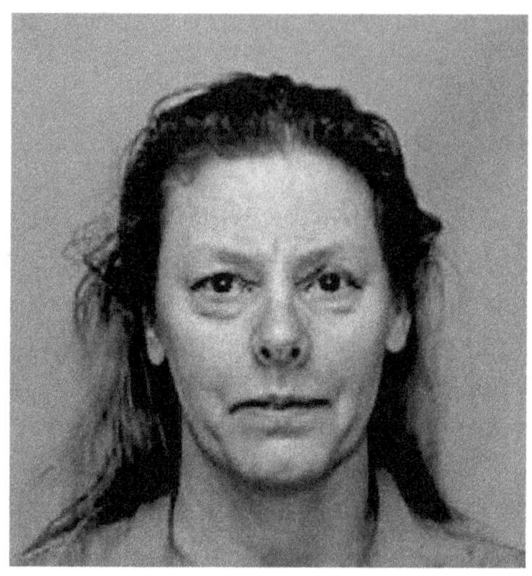

Anos de atividade: 1989-1990
País: Estados Unidos
Assassinatos cometidos: 7 confirmados
Punição: Pena de morte por injeção letal

Aileen Carol Wuornos, nascida Aileen Carol Pittman, apelidada de Damsel of Death, em Rochester, Michigan, em 29 de fevereiro de 1956, e falecida na Flórida em 9 de outubro de 2002, foi uma assassina em série americana que foi condenada à morte pelo Estado da Flórida em 1992. Ela acabou sendo sentenciada à morte seis vezes. Wuornos confessou ter matado sete homens independentemente. Ela alegou que foi estuprada ou tentou ser estuprada enquanto trabalhava como prostituta. Ela foi condenada à morte por injeção letal em 9 de outubro de 2002. O longa-metragem Monstro de 2003 foi baseado em sua história.

A juventude de Aileen Wuornos

Aileen Carol Wuornos nasceu a filha de Diane Kathleen Wuornos e Leo Arthur Pittman. Seus avós maternos eram de ascendência finlandesa. Leo Pittman, que ela nunca conheceu, era um molestador de crianças que cumpriu pena no Kansas e em um hospital psiquiátrico em Michigan. Ele morreu por enforcamento, provavelmente suicídio, enquanto encarcerado na prisão federal do Kansas em 30 de janeiro de 1969. A mãe de Wuornos, Diane, tinha quinze anos quando se casou com Pittman, em 3 de junho de 1954. Dois filhos resultaram do casamento. Keith nasceu em 1955 e Aileen em 1956. Após menos de dois anos de casamento (e alguns meses antes do nascimento de Aileen) Diane se divorciou de Pittman. Diane abandonou seus dois filhos em 1960. Os cuidados passaram para os avós maternos, "Lauri" Jacob Wuornos e Aileen "Britta" Moilanen. Lauri e Britta adotaram os dois filhos e os trouxeram para sua casa em Troy, Michigan.

Wuornos diz que seu avô abusou psicológica e sexualmente dela quando criança e que sua avó era alcoólatra. Sue Russel escreveu em seu livro Lethal Intent que Wuornos foi espancado com um cinto por seu avô. Aos doze anos de idade, Aileen e seu irmão Keith descobriram que Lauri e Britta eram seus avós e não seus pais biológicos. Aileen afirma ter tido relações sexuais com vários parceiros, incluindo seu próprio irmão, em tenra idade. Ela ficou grávida aos quatorze anos de idade. Seu filho nasceu em 23 de março de 1971 em uma maternidade em Detroit. Ela foi ostracizada por sua família e rejeitada pela comunidade. A criança foi entregue para adoção logo em seguida. Aileen foi forçada a procurar abrigo em um carro abandonado no bosque antes de ser enviada para um lar para mães não casadas.

Britta Wuornos morreu em julho de 1971 (oficialmente por falência hepática, mas a mãe de Aileen acusou mais tarde Diane Lauri de matar Britta). Após a morte de sua avó, Aileen e seu irmão ficaram sob tutela do tribunal. Ela começou a trabalhar como prostituta enquanto ainda estava na escola. Ela começou a usar o pseudônimo Sandra Kretsch em maio de 1974. Ela foi presa e detida no condado de Jefferson (Colorado) por dirigir sob a influência, comportamento perturbador e ter disparado uma pistola de calibre .22 de um carro em movimento. Uma acusação adicional foi não comparecer ao tribunal porque ela deixou a cidade para o julgamento.

Ela retornou a Michigan. Ela foi presa no Condado de Antrim e acusada de agressão e perturbação da paz em 13 de julho de 1976, como resultado de um incidente no qual ela jogou uma bola de bilhar contra a cabeça do barman. Ela também recebeu uma citação para mandados pendentes por dirigir sem licença e beber em um veículo motorizado. Ela foi multada em $105. Em 17 de julho de 1976, seu irmão Keith morreu de câncer de garganta e Aileen recebeu $10.000 de sua apólice de seguro de vida. Aileen pagou a multa de $105 e em dois meses ela gastou o resto do dinheiro em produtos de luxo, como um carro novo, que mais tarde quebrou.

Em 1976 ela pegou carona para a Flórida, onde conheceu o presidente do clube de iates Lewis Gratz Fell, 49 anos mais velho. Eles se casaram em 1976, e a notícia de seu casamento foi publicada em uma revista local. Mas Wuornos continuou a se envolver em constantes confrontos no bar local e acabou sendo mandada para a prisão por agressão. Ela também bateu em Fell com sua própria bengala, após o que ele entrou com uma ordem de restrição contra ela. Eles se divorciaram em 21 de julho de 1976, após seis semanas de casamento.

Anos posteriores na vida de Aileen Wuornos

Em 20 de maio de 1981, Aileen foi presa novamente em Edgewater, Flórida, por assalto à mão armada. Ela foi condenada à prisão em 4 de maio de 1982, e libertada em 30 de junho de 1983. Em 1º de maio de 1984, ela foi novamente condenada por descontar cheques falsificados em um banco em Key West. Em 30 de novembro de 1985, ela foi vista como suspeita do roubo de uma arma e munição no condado de Pasco. Por volta dessa época, Aileen "emprestou" o nome Lori Christine Grody de sua tia/cunhada (filha de seus avós) em Michigan. Em dezembro de 1985, 'Lori Grody' (Wuornos) recebeu uma citação para dirigir sem uma carteira de motorista válida.

Em 4 de janeiro de 1986, Wuornos foi preso sob seu próprio nome em Miami e acusado de roubo de automóveis, resistindo à prisão e obstruindo a justiça ao dar informações falsas. A polícia de Miami encontrou uma pistola calibre .38 e uma caixa de munição no carro roubado. Em 2 de junho de 1986, 'Lori Grody' (Wuornos) foi presa pela polícia do Condado de Volusia para ser interrogada depois que um homem a acusou de ser ameaçada em seu carro por ela com uma arma exigindo 200 dólares. Aileen tinha munição de reserva e uma arma de calibre .22 foi encontrada sob o assento do passageiro em que ela estava sentada.

Wuornos, agora sob o pseudônimo de "Susan Blahovec", foi multada por excesso de velocidade no condado de Jefferson, Flórida, apenas uma semana depois. Alguns dias após este incidente, Wuornos se encontrou com Tyria Moore, de 24 anos, em um bar gay Daytona. Eles logo se tornaram amantes um do outro. Moore desistiu de seu trabalho como camareira em um motel e permitiu que Aileen os sustentasse com seu dinheiro ganho como prostituta. Elas se mudaram de motel para motel, às vezes até dormindo em um antigo celeiro. Em julho de 1987, a polícia de Daytona Beach interrogou Moore e "Susan Blahovec" (Wuornos) porque eram suspeitos de bater em um homem com uma garrafa de cerveja. Em 18 de dezembro do mesmo ano, Wuornos foi intimado a dirigir na rodovia com uma licença vencida.

Moore foi ouvido como testemunha neste incidente. Em 23 de julho de 1988, Moore e Wuornos (sob o pseudônimo de "Susan

Blahovec") foram acusados de vandalizar seu apartamento por seu senhorio em Daytona Beach. Ele disse que eles haviam tirado o tapete do apartamento e pintado as paredes de marrom escuro sem sua permissão. Em novembro de 1988, Wuornos lançou uma campanha de 6 dias de chamadas telefônicas ameaçadoras para um supermercado Zephyrhills após um desentendimento sobre bilhetes de loteria. Em 1989, Aileen raramente viajava sem uma arma carregada. Ela trabalhava em bares e estacionamentos para ganhar dinheiro como prostituta. Por volta dessa época, Wuornos e Moore estavam se metendo em problemas financeiros cada vez mais profundos.

Os assassinatos

A primeira vítima de Wuornos foi o proprietário da loja Richard Mallory em Palm Harbor, Flórida. Ela o assassinou em 30 de novembro de 1989. Das seis vítimas restantes, apenas cinco foram encontradas. Suas outras vítimas identificadas foram:

- **David Spears**, 1 de junho de 1990
- **Charles Carskaddon**, 6 de junho de 1990
- **Peter Siems**, 4 de julho de 1990 (carro encontrado, mas não a carroceria)
- **Troy Burres**, 4 de agosto de 1990
- **Dick Humphreys**, 12 de setembro de 1990
- **Walter Jeno (Gino) Antonio**, 9 de novembro de 1990

Prisão e condenação

Wuornos acabou sendo preso quando ela e Moore se envolveram em um acidente de carro enquanto andavam no carro da vítima. Eles recusaram a ajuda dos transeuntes apesar do fato de Aileen estar sangrando e fugindo do acidente. Suas composições da polícia foram mais tarde transmitidas pela televisão. A polícia rastreou Moore até a Pensilvânia, à qual ela havia voltado para morar com sua irmã, e fez um acordo: se ela testemunhasse contra Wuornos, ela teria imunidade garantida. Moore concordou. A polícia arranjou um motel para Moore na Flórida. Ela escreveu uma carta para Wuornos, que estava na prisão por violar sua liberdade condicional. Após inúmeros telefonemas e uma ameaça de Moore de que ela cometeria suicídio, Wuornos faliu e disse: "Você tem que fazer o que tem que fazer". Não vou deixar que eles o mandem para a prisão. Se eu tiver que confessar, eu o farei". Ela fez uma declaração completa em 16 de janeiro desse mesmo ano. Wuornos citou a autoproteção para o assassinato de Mallory: ele supostamente a estuprou. Ela foi considerada culpada de assassinato em janeiro de 1992, com a ajuda do depoimento de Moore. Quando ela foi considerada culpada pelo assassinato de Mallory, Wuornos disse à mídia: "Fui estuprada, fui torturada". Eles pegaram o volante do carro, tinham uma foto do volante com arranhões, ele estava quebrado. Isso é a prova de que eu estava amarrado ao volante de direção. Não posso acreditar que isto aconteceu. Enquanto isso, Moore tinha assinado vários contratos de livros e filmes para vender sua história. Assim, três detetives que trabalharam no caso, e que mais tarde se demitiram.

Em novembro de 1992, a repórter da Dateline NBC Michele Gillen descobriu que Mallory havia servido dez anos por estupro violento em outro estado. O juiz recusou-se a acrescentar isto como prova, e o caso de Wuornos não foi reaberto.

Em 31 de março de 1992, Wuornos não contestou o assassinato de Dick Humphreys, Troy Burress e David Spears. Ela disse: "Quero corrigir isso com Deus". Durante o julgamento, ela foi adotada por Arlene Pralle depois que Pralle teve um sonho no qual lhe foi dito para "cuidar" de Wuornos. De acordo com Pralle, Jesus lhe disse para escrever Aileen e ela o fez. O que Wuornos não sabia é que Pralle aceitou dinheiro para entrevistas, incluindo uma com Nick

Broomfield, que lhe pagou 10.000 dólares. Parte do dinheiro foi para o antigo advogado de Wuornos, Steven Glazer, que contratou Pralle. A petição de Wuornos para a Suprema Corte foi negada em 1996.

A relação entre Wuornos e Pralle começou a chocalhar; Wuornos começou a suspeitar que Pralle só estava lá pela publicidade e pelo dinheiro. Wuornos disse a Broomfield em uma entrevista que Pralle e Glazer disseram a ela como cometer suicídio na prisão. Eles também a aconselharam a não lutar porque Glazer, conhecido antes do julgamento de Aileen como "Dr.Legal", era inexperiente demais para lidar com um caso de assassinato múltiplo. Em sua declaração, ela se dirigiu ao tribunal e disse: "Quero confessar que Richard Mallory me estuprou violentamente enquanto eu testemunhava. Mas os outros não fizeram isso. Eles só começaram".

Em junho de 1992, ela se declarou culpada do assassinato de Charles Carskaddon e recebeu sua quinta sentença de morte. Em fevereiro de 1993, ela se declarou culpada do assassinato de Walter Jeno Antonio e foi novamente condenada à morte. Ela não foi acusada do assassinato de Peter Siems porque seu corpo nunca foi encontrado. No total, ela recebeu a pena de morte seis vezes.

Wuornos contou várias histórias conflitantes sobre estes assassinatos. Ela admitiu ter matado sete homens independentemente. Inicialmente ela alegou que todos os sete a haviam violado enquanto trabalhava como prostituta. Mais tarde, ela se retratou em autodefesa. Durante uma entrevista com Broomfield, quando ela pensa que as câmeras estão desligadas, ela lhe diz que no caso de Mallory foi realmente em autodefesa, mas ela não viu outra escolha a não ser a pena de morte. Ela disse que nunca aguentaria ficar presa para o resto de sua vida. Quando Broomfield pergunta: "Foi autodefesa?" ela responde: "Sim, como vários outros, mas eu não posso dizer a ninguém, então eu tive que ir para a pena de morte.

A execução de Aileen Wuornos

Depois de sua primeira sentença de morte, Wuornos dizia com freqüência que desejava "que tudo tivesse acabado. Em 2001, ela anunciou que não iria contestar sua sentença de morte. Ela implorou ao tribunal da Flórida que demitisse sua equipe de julgamento e impedisse todos os recursos. Ela disse: "Eu matei aqueles homens, roubei-os tão frios quanto o gelo. E o farei novamente". Não adianta nada me manter vivo nem nada, porque vou matar novamente". Há muito ódio em mim... Fico tão farto de ouvir "Ela é louca". Eu já fui avaliado tantas vezes. Sou competente, no meu perfeito juízo e tento dizer a verdade. Sou alguém que realmente odeia as pessoas e vou matar novamente. Enquanto seus advogados argumentaram que ela não era mentalmente competente, a psiquiatria decidiu o contrário, sobre o qual seu pedido foi concedido.

O governador da Flórida, Jeb Bush, instruiu três psiquiatras a darem uma entrevista de quinze minutos a Wuornos. Todos os três a consideraram mentalmente sã o suficiente para prosseguir com a execução. O teste de competência exige que os psiquiatras estejam convencidos de que a pessoa condenada à morte entende que ele ou ela vai morrer, e também entende por que crime está sendo executado.

Wuornos mais tarde começou a acusar o pessoal penitenciário de abusar dela. Ela os acusou de contaminar sua comida e cuspir nela, que suas batatas foram cozidas na sujeira e que sua comida chegou até ela com a urina nela. Ela também disse que ouviu conversas sobre "tentar me irritar tanto que eu cometo suicídio antes da execução, e que eles desejam me estuprar antes da execução". Ela também reclamou de ter sido revistada, de ter sido algemada com tanta força que ela ficava com os pulsos azuis toda vez que saía de sua cela, chutando à porta, verificações regulares da janela pela enfermeira chefe, baixa pressão da água, mofo no colchão com repulsa e puro ódio contra ela. Wuornos ameaçou boicotar chuveiros e carrinhos de alimentos quando certos oficiais estavam no trabalho. Wuornos: "Enquanto isso, meu estômago resmunga imensamente e tomo banho na pia da minha cela".

Seu advogado declarou: "A Sra. Wuornos só quer um tratamento normal, um tratamento humano até o dia em que for executada e se as alegações se revelarem falsas, então ela está claramente sob essa ilusão". Ela acredita no que ela escreve".

Durante a fase final do julgamento, ela deu uma série de entrevistas à Broomfield. Em sua última entrevista, pouco antes da execução, ela disse que sua mente era controlada pela pressão das ondas sonoras que a faziam parecer louca e que ela seria levada por anjos a uma nave espacial. Quando Broomfield tentou fazer com que ela falasse sobre suas afirmações anteriores de que ela matou suas vítimas em legítima defesa, Wuornos tornou-se diabólica, repreendeu Broomfield e terminou a entrevista. Mais tarde, Broomfield conheceu Dawn Botkins, uma amiga de infância de Wuornos, que lhe disse: "Ela sente muito, Nick. Ela não lhe deu o dedo. Ela deu o dedo à mídia e aos advogados. Ela sabia que se dissesse mais, isso poderia fazer diferença em sua execução amanhã, então ela decidiu não dizer nada".

Qual foi sua última refeição é incerta. Algumas fontes dizem que ela recusou a refeição, que poderia ter sido qualquer coisa abaixo de 20 dólares, e que em seu lugar lhe deram uma xícara de café. A entrevista da Broomsfield afirma que sua última refeição foi frango frito e batatas fritas (batatas fritas) da KFC.

Suas últimas palavras foram: "Gostaria apenas de dizer que estou navegando com a Rocha e estarei de volta como no Dia da Independência junto com Jesus, no dia 6 de junho, como no filme, um grande navio-mãe e tudo mais". Eu voltarei".

Após sua morte

Após sua execução, Aileen Wuornos foi cremada. Ela havia pedido que a canção de Natalie Merchant Carnival fosse tocada durante o funeral. Isto, combinado com o conhecimento de que Wuornos havia passado muitas horas ouvindo o álbum Tigerlily da Merchant enquanto estava no corredor da morte, levou a Merchant a conceder permissão para usar o Carnaval durante os créditos do documentário Aileen: Life and Death of a Serial Killer (Vida e Morte de um Assassino em Série). As cinzas de Wuornos foram espalhadas por Botkins debaixo de uma árvore em Michigan, de onde Wuornos era originário.

Wuornos é a décima mulher executada nos Estados Unidos desde o restabelecimento da pena de morte em 1976 e a segunda mulher na Flórida desde sempre.

Disse mais tarde a Broomfield:

Acho que a raiva se desenvolveu nela. E ela trabalhava como prostituta. Acho que ela teve muitos encontros desagradáveis ao longo do caminho. E eu acho que a raiva começou a se espalhar até que finalmente explodiu. Em uma violência incrível. Essa foi sua maneira de sobreviver....

Acho que Aileen realmente pensava que estava matando em autodefesa. Acho que alguém que é profundamente psicótico não vê realmente a diferença entre uma ameaça à vida e uma pequena discussão: pode-se dizer que se você dissesse algo com o qual ela não concordava, ela começou a gritar e começou a irromper em fúria cega.

Acho que é por isso que tudo isso poderia acontecer. E, ao mesmo tempo, quando ela não estava de tão extrema disposição, havia uma humanidade incrível dentro dela.

15. John George Haigh

Anos de atividade: 1944-1949
País: Inglaterra
Assassinatos cometidos: 6-9 confirmados
Punição: Pena de morte por enforcamento

John George Haigh, nascido em Wakefield, em 24 de julho de 1909 e morto em Londres, em 10 de agosto de 1949, apelidado de The Acid Bath Murderer, foi um assassino em série na Inglaterra durante a década de 1940. Ele foi condenado por assassinar seis pessoas, mas alegou ter matado nove. Seu modus operandi era matar pessoas, dissolver seus corpos em ácido sulfúrico, e depois vender seus bens. Ele acreditava que a polícia não podia acusar as pessoas de assassinato até que encontrassem um corpo. Ele acabou sendo condenado com base em provas forenses e executado em 10 de agosto de 1949.

A juventude de John George Haigh

Haigh nasceu em Wakefield e cresceu na aldeia vizinha de Outwood. Seus pais, John e Emily, eram membros da Assembléia dos Crentes. Ele foi forçado a viver confinado por uma cerca de três metros de altura construída por seu pai para isolar a família do mundo exterior. Haigh alegou mais tarde que sofria de pesadelos religiosos recorrentes em sua juventude. Haigh freqüentou a Queen Elizabeth Grammar School, uma escola particular em Wakefield, onde ainda existe uma pequena mesa com seu nome. Seus pais mudaram sua fé e ele se juntou ao coro da Catedral de Wakefield.

Haigh desenvolveu uma paixão por carros. Depois de deixar a escola, ele se juntou a um clube de construtores de motores. Depois de um ano, ele desistiu e foi trabalhar para seguradoras e agências de publicidade. Aos 21 anos, ele foi demitido depois de ser suspeito de roubo. Em 1934, Haigh deixou de freqüentar a igreja.

Casamento e prisão

Em 6 de julho de 1934, Haigh casou-se com Betty Hammer, uma mulher de 21 anos. Não demorou muito para que o casamento se afundasse. Nesse mesmo ano, Haigh pousou na cadeia por fraude. Enquanto cumpria sua pena de prisão, Betty teve um bebê, mas ela o teve adotado e deixou Haigh. Pouco depois de ser libertado, ele foi mandado novamente para a prisão, desta vez por quinze meses, por um esquema de fraude envolvendo carros comprados a crédito. Quando foi libertado, ele iniciou um negócio, mas esse plano falhou quando seu parceiro de negócios foi morto em um acidente de motocicleta.

Ele então se mudou para Londres e se tornou o motorista de William McSwann, o rico proprietário de um parque de diversões. Haigh e McSwann se tornaram amigos, mas Haigh ainda queria entrar no mundo dos negócios. Ele tentou, mas acabou preso novamente por fraude, desta vez por quatro anos. Logo após o início da Segunda Guerra Mundial, ele foi solto, depois preso novamente por roubo. Na prisão, ele concebeu o "assassinato perfeito": destruir o corpo, fazendo-o dissolver em ácido sulfúrico. Ele o experimentou em ratos e descobriu que levava apenas trinta minutos para que o corpo desaparecesse.

Os assassinatos do "Banho Ácido

Em 1944 ele foi liberado e conseguiu um emprego em uma empresa de engenharia. Pouco tempo depois, ele encontrou o McSwann no pub em Kensington. McSwann apresentou Haigh a seus pais, Donald e Amy, que notaram que eles tinham investido em mercadorias. Em 6 de setembro de 1944, McSwann desapareceu. Haigh disse mais tarde que lhe bateu na cabeça depois de atraí-lo para um porão. Então ele colocou seu corpo em um tambor de 160 galões de ácido sulfúrico concentrado. Dois dias depois, Haigh retornou e viu que o corpo havia se transformado em gotejamento, e o jogou no esgoto. Ele disse aos pais de McSwann que seu filho havia fugido para a Escócia para não ter que se alistar no exército. Quando os pais começaram a se perguntar por que seu filho não voltou após o fim da guerra, ele também os matou: em 2 de julho de 1945, ele os atraiu para Gloucester Road e se desfez deles.

Haigh roubou os cheques de pensão de Donald McSwann, vendeu seus bens - ganhando cerca de £8.000 - e se mudou para o hotel Onslow Court em Kensington. No verão de 1947, Haigh ficou sem dinheiro através do jogo, e encontrou outro casal para assassinar e roubar: o Dr. Archibald Henderson e sua esposa Rose, que ele conheceu após dizer que estava interessado em uma casa para venda. Ele alugou uma pequena oficina na Leopord Road em Crawley, West Sussex, e levou seu ácido sulfúrico e seu tambor com ele. Em 12 de fevereiro de 1948, ele levou o Dr. Henderson a Crawley, supostamente para lhe mostrar uma nova invenção. Quando chegaram a Crawley, ele atirou na cabeça dele com um revólver que ele havia roubado anteriormente da casa de Henderson. Então ele atraiu a Sra. Henderson para sua oficina, alegando que seu marido tinha adoecido de repente, e atirou nela também. Primeiro ele teve os corpos dissolvidos em ácido sulfúrico e depois forjou uma carta dos Hendersons e vendeu todos os seus pertences por 8000 libras. Somente o cão deles ele guardava para si mesmo.

Última vítima e prisão

A próxima e última vítima de Haigh foi Olive Durand-Deacon, uma viúva de 69 anos que também morava no hotel Onslow Court. Ela disse a Haigh que tinha uma idéia para fazer unhas artificiais. Ele a convidou para sua oficina em 18 de fevereiro de 1949, e quando ela estava lá dentro ele atirou na parte de trás da cabeça, roubou todos os seus objetos de valor e teve seu corpo dissolvido em ácido sulfúrico. Dois dias depois, Constance Lane, uma amiga da viúva, relatou o seu desaparecimento. Pouco tempo depois, vários detetives descobriram o histórico de roubo e fraude de Haigh e revistaram seu local de trabalho. A polícia encontrou não apenas sua pasta contendo uma conta da lavanderia da Sra. Durand-Deacon, mas também documentos sobre os Hendersons e McSwanns. O patologista Keith Simpson examinou a oficina e eventualmente encontrou três cálculos biliares humanos.

Quando Haigh foi interrogado pelo Detetive Albert Webb, ele lhe perguntou: "Diga-me muito honestamente, qual é a probabilidade de Broadmoor soltar alguém? O inspetor disse que ele não tinha permissão para discutir coisas assim, ao que Haigh respondeu: "Se eu lhe dissesse a verdade, você não acreditaria em mim". Parece fantástico demais para acreditar". Então Haigh confessou que não só tinha matado Durand-Deacon, os McSwanns e os Hendersons, mas também três outras pessoas - um jovem chamado Max, uma garota de Eastbourne e uma mulher de Hammersmith.

Julgamento e execução

Após sua prisão, Haigh foi colocado em prisão preventiva na Cela 2 da Delegacia de Polícia de Horsham, na Estrada Barttelot. Ele foi acusado de assassinato, e o julgamento contra ele começou no tribunal próximo, a Prefeitura Velha.

O "Procurador-Geral", Hartley Shawcross KC, foi o promotor e exigiu que o júri rejeitasse a alegação de insanidade porque Haigh tinha agido de forma totalmente consciente. David Maxwell Fyfe, advogado de Haigh, chamou muitas testemunhas para confirmar que o estado mental de Haigh era ruim, por exemplo, Henry Yellowlees, que alegou que Haigh era paranóico. Pelo verdugo Albert Pierrepoint, ele foi executado na forca em 10 de agosto de 1949.

Conclusão

Antes de mais nada, obrigado por ler este livro. Estas foram as biografias dos assassinos em série mais notórios de nossa história.

Se você gostou de ler este livro e gostaria de ver futuros lançamentos sobre assuntos como estes, nos avise e deixe uma resenha na plataforma ou no site da loja onde você comprou este livro e nós começaremos a trabalhar nele!

A equipe da True Crime Reports é apaixonada por estas partes da história e adoraria continuar sobre uma variedade de assuntos na categoria de crimes verdadeiros.